baruumsaa - el colegio · 2
imala - el viaje · 5
geejiba - el transporte · 8
magaalaa gudaa - la ciudad · 10
teechuma lafaa - el paisaje · 14
mana nyaataa - el restaurante · 17
suppar maarkeetii - el supermercado · 20
dhugaatii - las bebidas · 22
nyaata - la comida · 23
qonna - la granja · 27
mana - la casa · 31
kutaa jireenyaa - el living · 33
mana bilcheessaa - la cocina · 35
kutaa dhiqannaa - el baño · 38
kutaa ijoollee - el cuarto de los chicos · 42
cuufinsa - la ropa · 44
waajjira - la oficina · 49
diinagdee - la economía · 51
hojii - las ocupaciones · 53
meeshaalee - las herramientas · 56
meeshaalee muuziqaa - los instrumentos musicales · 57
dallaa beeladaa - el zoológico · 59
ispoortii - los deportes · 62
sochii - las actividades · 63
warra - la familia · 67
qaama - el cuerpo · 68
hospitaala - el hospital · 72
hatattama - la emergencia · 76
dachee - la Tierra · 77
sa'aa - el reloj · 79
torbee - la semana · 80
waggaa - el año · 81
boca - las formas · 83
haluuwwan - colores · 84
masaanuu - los opuestos · 85
lakkoofsota los números · 88
afaanota - los idiomas · 90
eenyu / maali / akkamitti - quién / qué / cómo · 91
eessa? - dónde · 92

Impressum
Verlag: BABADADA GmbH, Nedderfeld 112 , 22529 Hamburg
Geschäftsführer / Verlagsleitung: Harald Hof
Druck: Books on Demand GmbH, In de Tarpen 42, 22848 Norderstedt

Imprint
Publisher: BABADADA GmbH, Nedderfeld 112 , 22529 Hamburg, Germany
Managing Director / Publishing direction: Harald Hof
Print: Books on Demand GmbH, In de Tarpen 42, 22848 Norderstedt

baruumsaa
el colegio

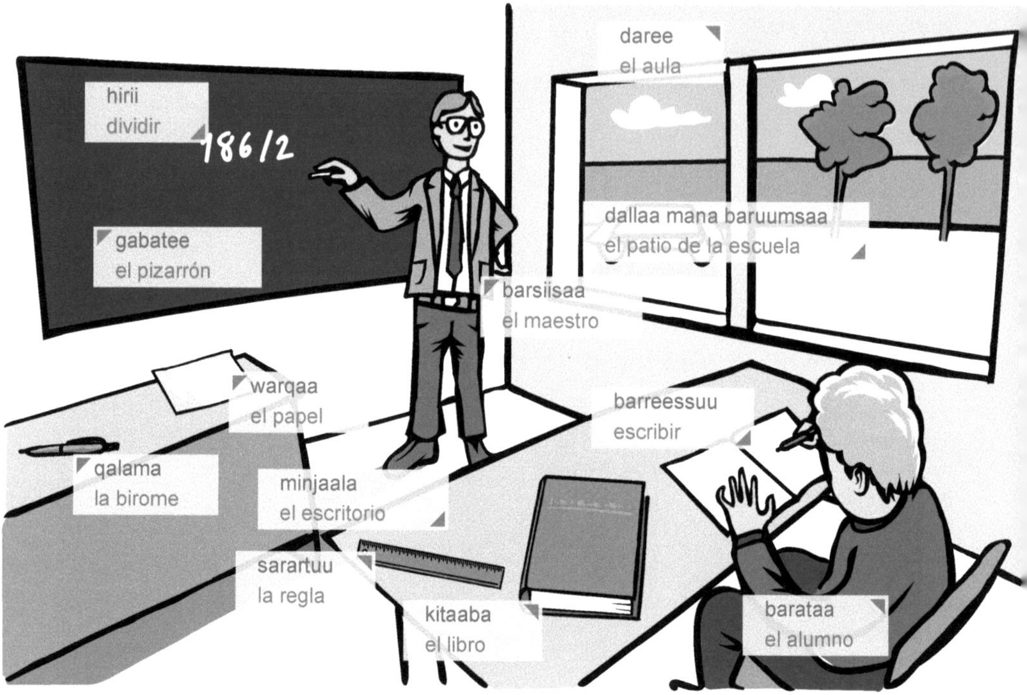
daree
el aula
hirii
dividir
186/2
gabatee
el pizarrón
dallaa mana baruumsaa
el patio de la escuela
barsiisaa
el maestro
warqaa
el papel
barreessuu
escribir
qalama
la birome
minjaala
el escritorio
sarartuu
la regla
kitaaba
el libro
baratаa
el alumno

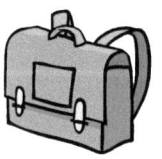

korojoo baattamu

la mochila

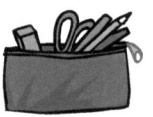

teessoo irsaasii

la caja de lápices

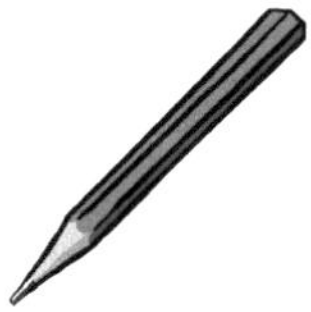

irsaasii

el lápiz

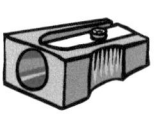

qartuu irsaasii

el sacapuntas

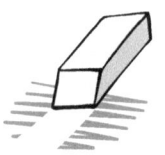

haqxuu

la goma (de borrar)

paadii fakkii

el bloc de dibujo

fakkii

el dibujo

burusha halluu

el pincel

saanduqa halluu

la caja de pinturas

maqasa

la tijera

maxxansituu

el pegamento

daftara

el cuaderno de ejercicios

hojii manaa

la tarea

lakkoofsa

el número

ida'ii

sumar

hir;isi

restar

bay;isi

multiplicar

heerregii

calcular

xalayaa

la letra

tarree qubee

el abecedario

jecha

la palabra

kitaaba barataa

el texto

dubbisuu

leer

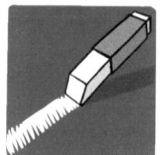

biroonkii

la tiza

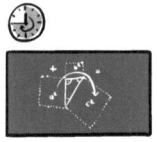

baruumsa

la lección

galmeessuu

el cuaderno de clase

qormaata

el examen

raga barreeffamaa

el certificado

uffata mana baruumsaa

el uniforme escolar

barnoota

la educación

insaaykiloopeediyaa

la enciclopedia

yuunivarstii

la universidad

maaykiroos kooppii

el microscopio

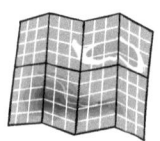

kaartaa

el mapa

qircaata gatoo

el tacho (de basura)

imala
el viaje

hoteela
el hotel
Grand
hosteela
el hostel
ROOMS
biiroo de cheenjee
la casa de cambio
shaanxaa kafanaa
la valija
konkolaataa
el auto

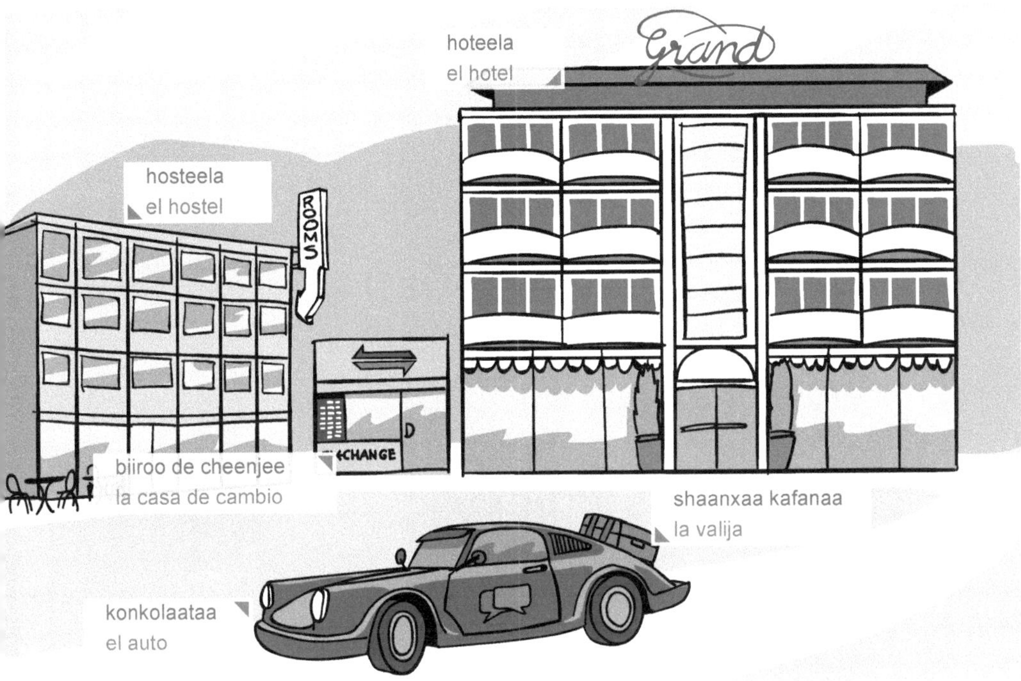

afaan

el idioma

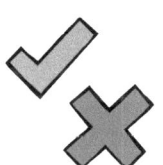

eyyeen / mitii

sí / no

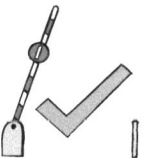

haa ta'u

Está bien

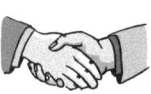

heloo

hola

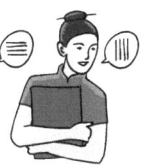

turjmaana

el traductor

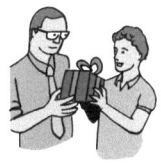

galatoomaa

Gracias

meeqa

¿cuánto cuesta…?

naaf hingalle

No entiendo

rakkoo

el problema

akkam ooltan

¡Buenas tardes!

akkam bultan?

¡Buenos días!

halkan gaarii

¡Buenas noches!

nagaatti nagaatti

el adiós

kallattii

la dirección

ba'aa imalaa

el equipaje

korojoo

el bolso

ba'aa dugdaa

la mochila

keessummaas

el invitado

kutaa

la habitación

korojoo hirriibaa

la bolsa de dormir

dukkaana

la carpa

odeeffannoo turistii

la información turística

qarqara haroo

la playa

kireedit kaardii

la tarjeta de crédito

ciree

el desayuno

laaqana

el almuerzo

irbaata

la cena

tikkeetii

el pasaje

liiftii

el ascensor

chaappaa

el sello

daangaa

la frontera

barmaatilee

la aduana

embaasii

la embajada

viizaa

la visa

paasspoortii

el pasaporte

geejiba
el transporte

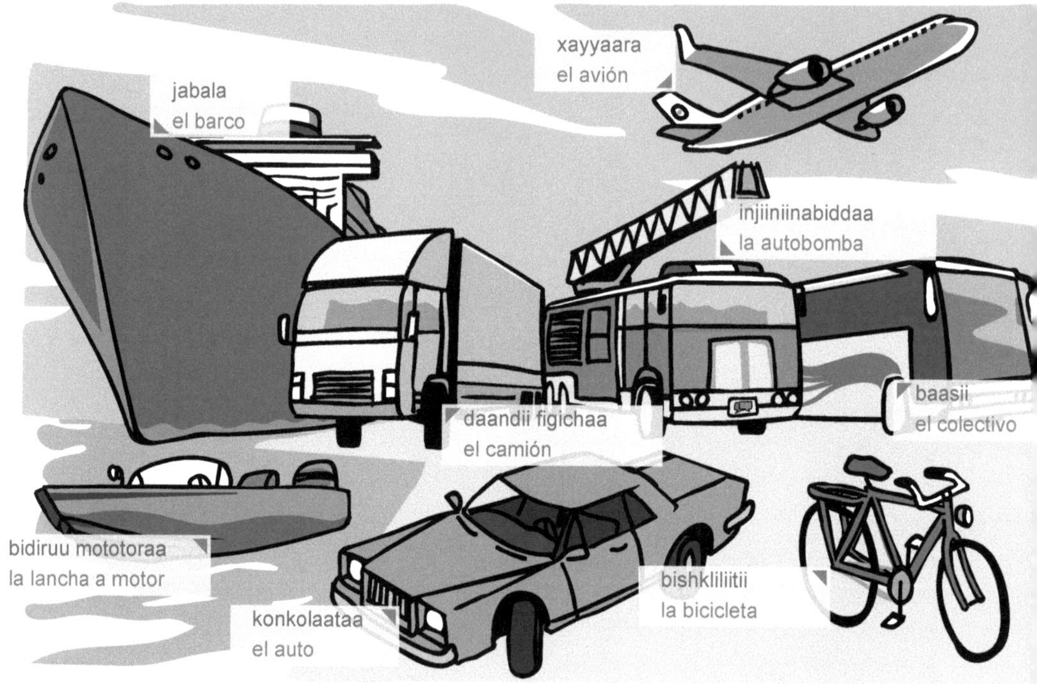
xayyaara
el avión
jabala
el barco
injiiniinabiddaa
la autobomba
baasii
el colectivo
daandii figichaa
el camión
bidiruu mototoraa
la lancha a motor
bishkliliitii
la bicicleta
konkolaataa
el auto

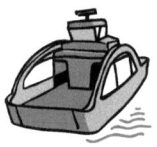

bidiruu deeddebii

el ferry

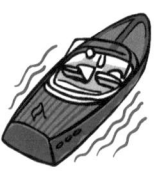

bidiruu

el bote

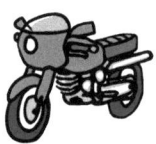

doqdoqqee

la moto

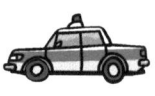

konkolaataa foolisaa

el patrullero

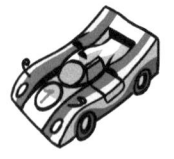

konkolaataa dorgommii

el auto de carreras

konkolaataa kiraa

el auto de alquiler

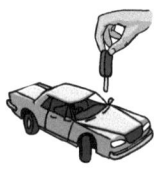

konkolataa waliin gahuu

el alquiler de autos

marsaa boqqoonna

la grúa

daandii dhorkaa

el camión de la basura

motora

el motor

boba'aa

la nafta

buufata boba'aa

la estación de servicio

mallattoo tiraafikaa

la señal de tránsito

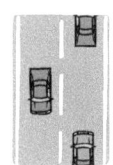

tiraafika

el tránsito

cuccufaa daandii
konkolaataa

el embotellamiento

dhaabbii konkolaataa

el estacionamiento

buufata baburaa

la estación de tren

konkolaataa guddaa

las vías

baabura

el tren

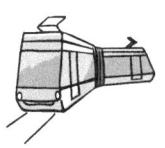

baabura eleektirikaa

el tranvía

gaarii fardaa

el vagón

helikooftara

el helicóptero

buufata xayyaaraa

el aeropuerto

qooxii

la torre

keessummaa

el pasajero

konteenara

el contenedor

kaartunii

la caja de cartón

gaarii

la carretilla

qirccaata

la canasta

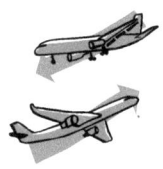

barrisuu / qubachuu

despegar / aterrizar

magaalaa gudaa
la ciudad

araddaa

el pueblo

handhuura magaalaa

el centro de la ciudad

mana

la casa

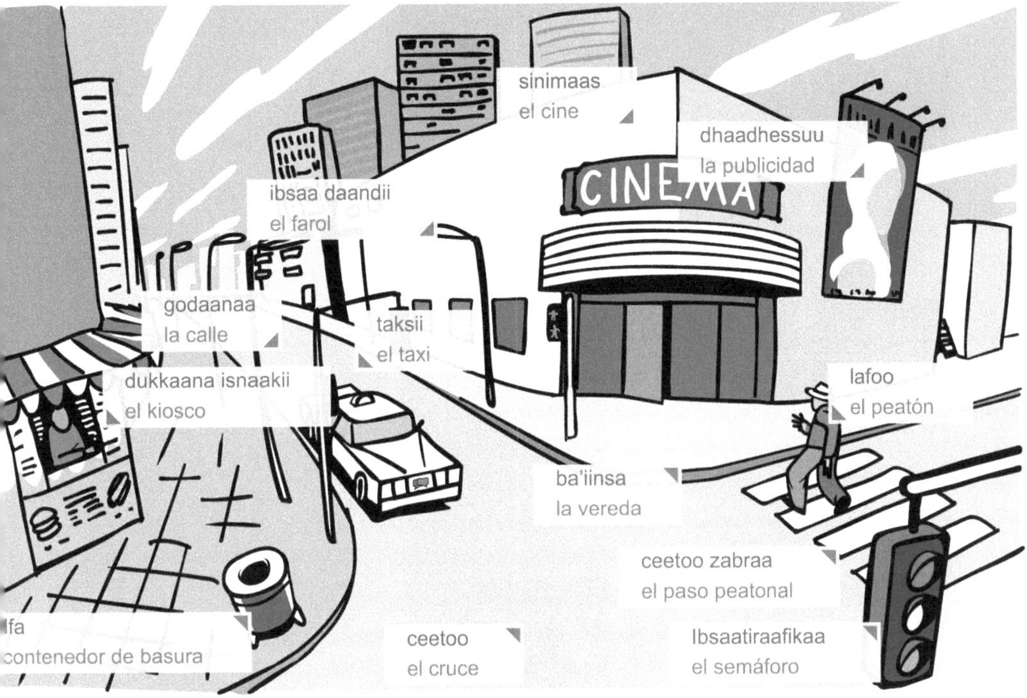

sinimaas
el cine

dhaadhessuu
la publicidad

ibsaa daandii
el farol

CINEMA

godaanaa
la calle

taksii
el taxi

lafoo
el peatón

dukkaana isnaakii
el kiosco

ba'iinsa
la vereda

ceetoo zabraa
el paso peatonal

fa
contenedor de basura

ceetoo
el cruce

Ibsaatiraafikaa
el semáforo

godoo

la cabaña

diriiraa

el departamento

buufata baburaa

la estación de tren

galma magaalaa

la municipalidad

muuziyeemii

el museo

baruumsaa

el colegio

yuunivarstii

la universidad

baankii

el banco

hospitaala

el hospital

hoteela

el hotel

mana qorichaa

la farmacia

waajjira

la oficina

dukkana kitaabaa

la librería

dukkaana

el negocio

gurgurtuu abaabo

la florería

suppar maarkeetii

el supermercado

gabaa

el mercado

kuusaa dame

las grandes tiendas

kiyyeessituu qurxxummii

la pescadería

giddu gala gabaa

el centro comercial

buufata galaanaa

el puerto

paarkii

el parque

tessoo dalgee

el banco

riqica

el puente

sibsaabii

las escaleras

Lafa jala

el subte

holqa

el túnel

buufata konkolaataa

la parada del colectivo

baarii

el bar

mana nyaataa

el restaurante

saanduqa poostaa

el buzón

mallattoodaandii

el letrero

idoo dhaabbii konkolaataa

el parquimetro

dallaa beeladaa

el zoológico

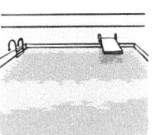

haroo daakkaa

la pileta

masgiida

la mezquita

qonna

la granja

faalama

la contaminación

iddoo awwaalchaa

el cementerio

charchii

la iglesia

dirree taphaa

los juegos infantiles

siidaa

el templo

teechuma lafaa

el paisaje

baala
la hoja

maxxansa beeksiisaa
el poste indicador

karaa
el camino

huruufa magariisa
la pradera

dhakaa
la piedra

muka
el árbol

nama lafoo deemu
el excursionista

laga
el río

mrga
la hierba

abaaboo
la flor

sulula

el valle

tabba

la montaña

hara

el lago

bosona

el bosque

gammoojjii oo;aa

el desierto

dhooyinsalafaa

el volcán

masaraa

el castillo

sabbata waaqqaa

el arco iris

jaarsa marqoo

el champiñón

muka teemiraa

la palmera

bookee busaa

el mosquito

balali'uu

la mosca

mixii

la hormiga

kanniisa

la abeja

sarariitii

la araña

boombii

el escarabajo

hurrii

la rana

shikookkoo

la ardilla

xaddee

el erizo

beelada illeentii fakkaatu

la liebre

jajuu

la lechuza

simbira

el pájaro

daakkiyyee

el cisne

ifaannaa

el jabalí

godaa

el ciervo

godaa ameerikaatti argamu

el alce

riqicha

la presa

tarbaayinii buubbee

el aerogenerador

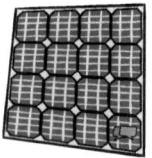

panaalii soolaarii

el panel solar

haala qilleensaa

el clima

mana nyaataa
el restaurante

keessummeessaa
el mozo
meenuu
el menú
teessoo
la silla
saamunaa
la sopa
piizaa
la pizza
katlarii
los cubiertos
uffata minjaalaa
el mantel

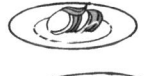

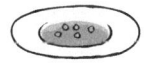

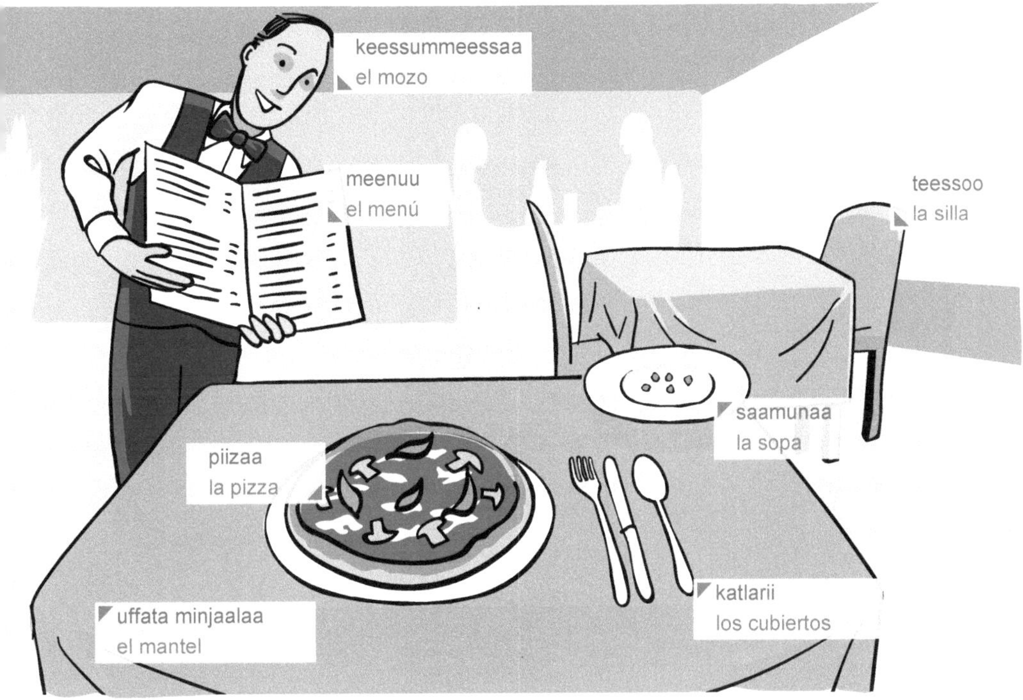

calqabsiisaa
la entrada

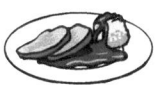

madda muummee
el plato principal

deezaartii
el postre

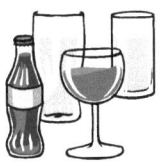

dhugaatii
las bebidas

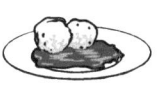

nyaata
la comida

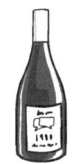

qaruuraa
la botella

nyaata qophaa'aa

la comida rápida

nyaata karaa irraa

la comida callejera

markajii shaayii

la tetera

qodaa shukkaaraa

la azucarera

uwwisa

la porción

maashina espereessoo

la cafetera expreso

teessoo ol ka'aa

la sillita alta

nagahee

la cuenta

tirii

la bandeja

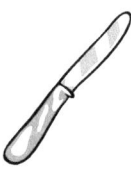

hlbee

el cuchillo

shuukkaa

el tenedor

fal'aana

la cuchara

fal'aana shaayii

la cucharita

uffrata minjaala nyaataa

la servilleta

burcuqqoo

el vaso

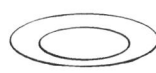

diiriiraa

el plato

teessoo saamunaa

el plato hondo

teessoo siinii

el plato

sugoo

la salsa

qodaa sooqiddaa

el salero

daaktuu barbaree

el molinillo de pimienta

hadhooftuu

el vinagre

zayita

el aceite

qimamii

las especias

kachappii

el kétchup

sanaafica

la mostaza

maaynoneezii

la mayonesa

suppar maarkeetii
el supermercado

kenaa addaa
la oferta especial
FOR
maamila
el cliente
oomish aannanii
los lácteos
fuduraa
la fruta
baabura eelektirikaa
el changuito

BUTCHERS

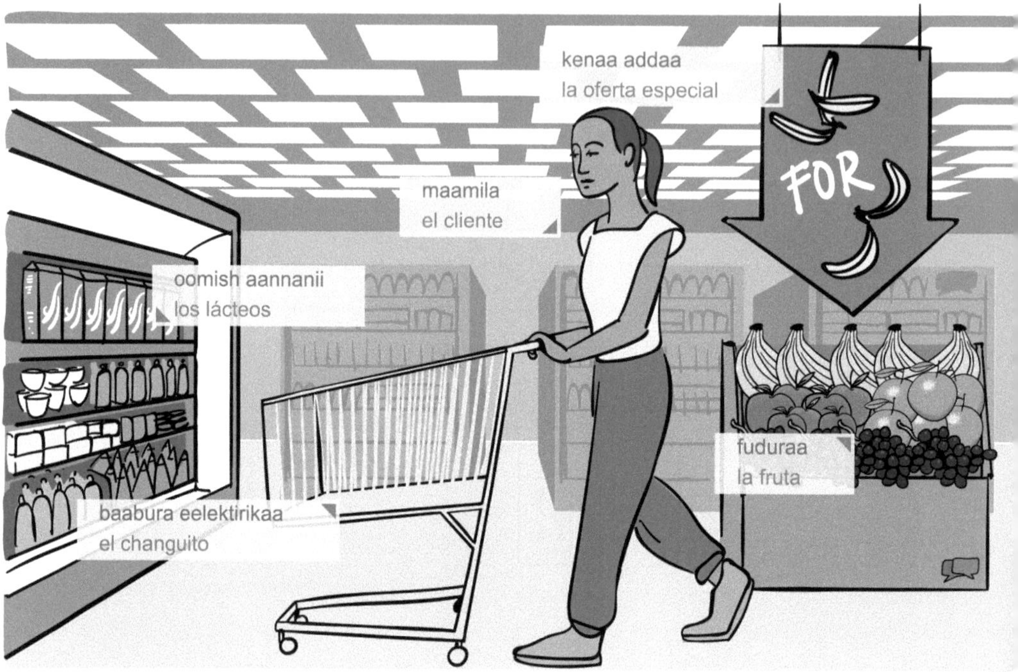

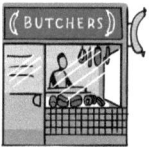

mana foonii

la carnicería

BAKERY

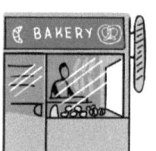

tolchituu

la panadería

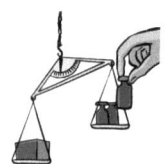

ulfaatina safaruu

pesar

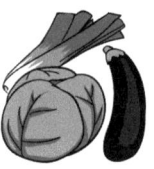

kuduraa

las verduras

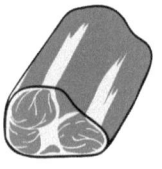

foon

la carne

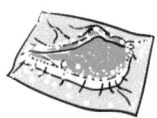

nyaataqorraa

los alimentos congelados

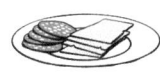

foon qorraa

los fiambres

nyaata samsmaa

los alimentos enlatados

oomoo

el detergente en polvo

mi'aawaa

las golosinas

oomisha meeshaa manaa

los electrodomésticos

bu'aa qulqulleessuu

los productos de limpieza

nama gurgurtaa

la vendedora

hanga

la caja

qarshi qabduu

el cajero

taree gabaa

la lista de compras

sa'aatii baniinsaas

el horario de atención

krojoo qarshii kan dhiiraa

la billetera

kireedit kaardii

la tarjeta de crédito

korojoo

la cartera

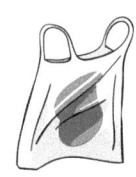

korojoo pilaastikaa

la bolsa de plástico

las bebidas

bishaan

el agua

cuunfaa

el jugo

aannani

la leche

kookii

la bebida cola

wayinii

el vino

biiraa

la cerveza

alkoolii

el alcohol

kookaa

el cacao

shaayii

el té

buna

el café

espereesso

el café expreso

kaappuchuunoo

el cappuccino

muuzii

la banana

aappilii

la manzana

burtukaana

la naranja

meeloonii

el melón

loomii

el limón

kaarotii

la zanahoria

qullubbii adii

el ajo

leemmana

el bambú

qullubbii

la cebolla

jaarsa marqoo

el champiñón

godoo

las nueces

gowwaa

los fideos

ispaageetii

los tallarines

ruuza

el arroz

salaaxaa

la ensalada

chiipsii

las papas fritas

moose affeelamaa

las papas fritas

piizaa

la pizza

hmbargarii

la hamburguesa

saanduchii

el sándwich

kotaleetii

el churrasco

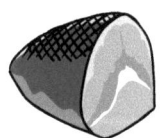

foon booyyee kan luka
fuuiduraa

el jamón

nyaata mi'eessituu fi
sooggiddan sukkummame

el salame

sausage

la salchicha

lukuu

el pollo

waaddii

el asado

qurxummii

el pescado

bulluqa aajjaa
....
los copos de avena

masliis
....
el muesli

fandishaa
....
los copos de maiz

daakuu
....
la harina

kiroosantii
....
la medialuna

daabboo-
....
el pancito

daabboo
....
el pan

dabboo oo'aa
....
la tostada

buskuuta
....
las galletitas

dhadhaa
....
la manteca

ililluu
....
la cuajada

keekli
....
la torta

buuphaa
....
el huevo

buuphaa affeelamaa
....
el huevo frito

ayibii
....
el queso

aays kireemii

el helado

shukkaara

el azúcar

damma

la miel

marmaalaataa

la mermelada

chokkoleetii bittinnaa'aa

la pasta de chocolate

kuurii

el curry

qonna
la granja

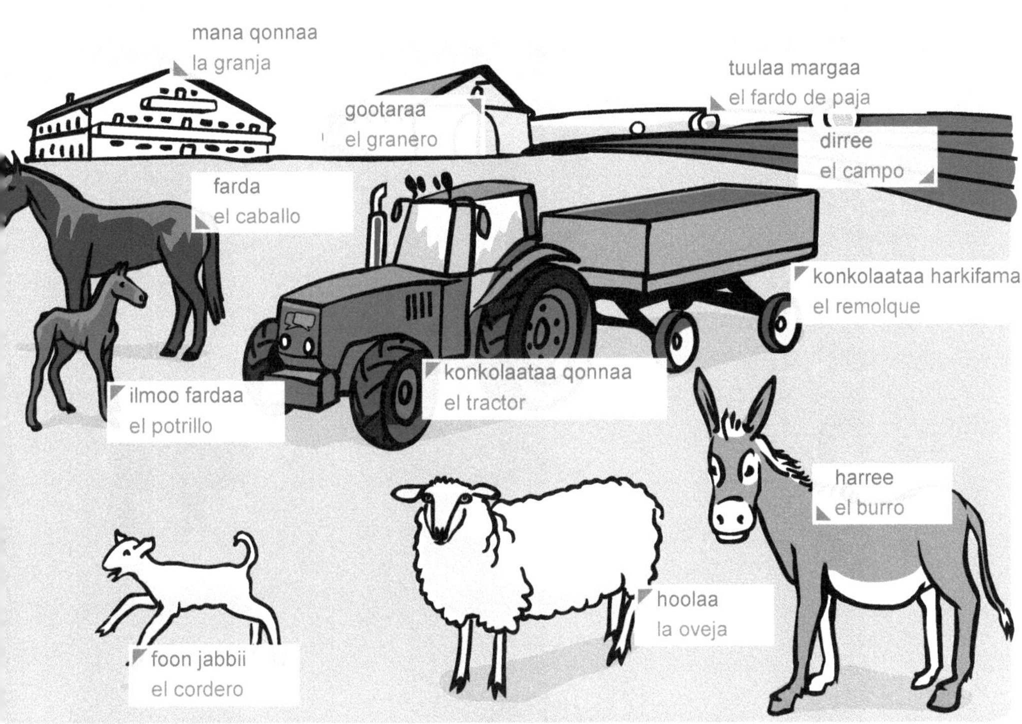

mana qonnaa
la granja
gootaraa
el granero
tuulaa margaa
el fardo de paja
dirree
el campo
farda
el caballo
konkolaataa harkifamaa
el remolque
ilmoo fardaa
el potrillo
konkolaataa qonnaa
el tractor
harree
el burro
hoolaa
la oveja
foon jabbii
el cordero

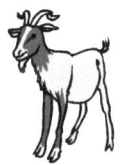

ra'ee

la cabra

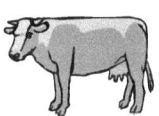

sa'a

la vaca

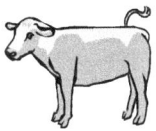

jabbilee

el ternero

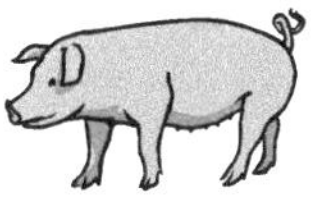

booyyee

el cerdo

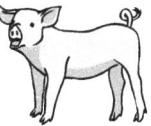

ilmoo booyyee

el lechón

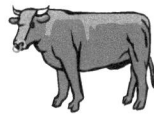

korma

el toro

ziyyee

el ganso

daakkiyyee

el pato

lukkuu

el pollo

lukkuu haadhoo

la gallina

lukkuu kormaa

el gallo

hantuuta

la rata

adurree

el gato

hantuuta goodaa

el ratón

qotiyyoo

el buey

saree

el perro

mana saree

la cucha

ujjummoo oddoo

la manguera

kan ittin bishaan obaasan

la regadera

haamtuu dheeraa

la guadaña

qotuu

el arado

haamtuu

la hoz

gasoo

la azada

manshii

la horquilla

qotoo

el hacha

gaarii goommaa

la carretilla

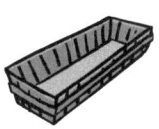

suluula

el abrevadero

meeshaa aannanii

la lechera

keeshaa

la bolsa

dallaa

la reja

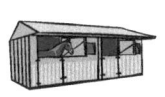

tasgabbii

el establo

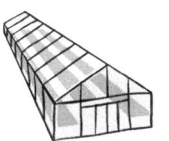

mana bıqıltuu

el invernadero

biyyee

el suelo

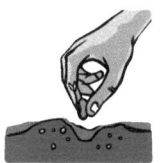

sanyii

la semilla

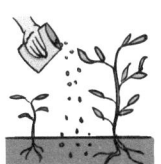

dachee gabbistuu

el fertilizador

kmbaayinara haamaa

la cosechadora

haamuu

cosechar

haamuu

la cosecha

biqiltuu hundeen isaa
nyaatamu

las batatas

qamadii

el trigo

sooy

la soja

moose

la papa

boqqoolloo

el maíz

raappii siidii

la semilla de colza

muka fudraa

el árbol frutal

kzaavaa

la mandioca

midhaan biilaa

los cereales

mana
la casa

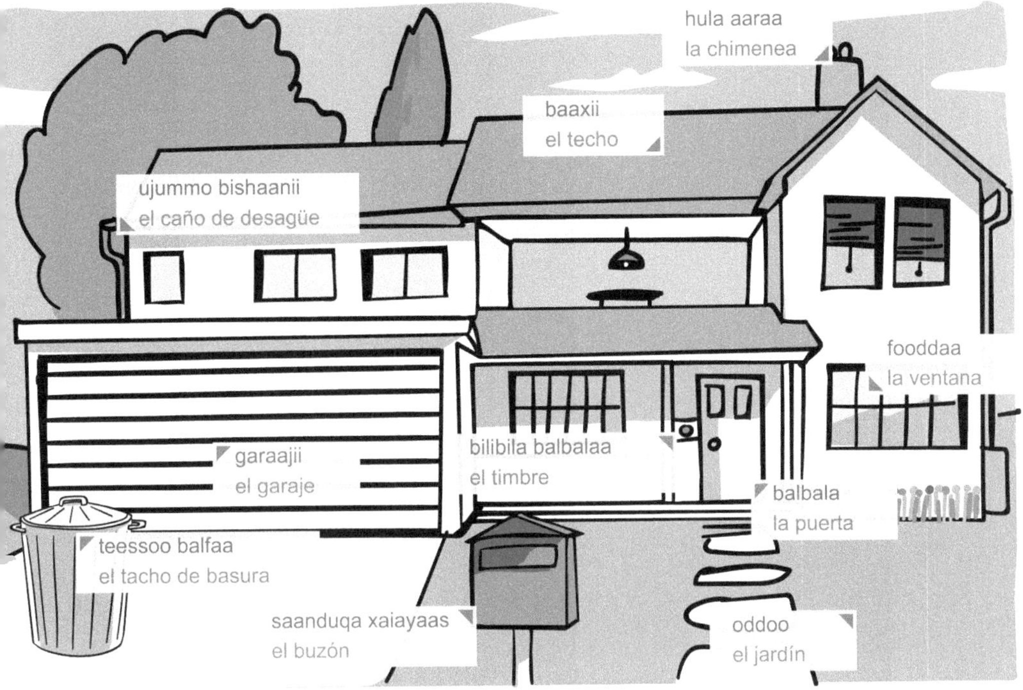
hula aaraa
la chimenea
baaxii
el techo
ujummo bishaanii
el caño de desagüe
fooddaa
la ventana
garaajii
el garaje
bilibila balbalaa
el timbre
balbala
la puerta
teessoo balfaa
el tacho de basura
saanduqa xaiayaas
el buzón
oddoo
el jardín

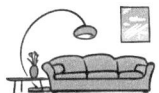

kutaa jireenyaa

el living

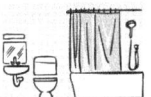

kutaa dhiqannaa

el baño

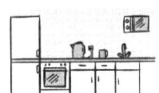

mana bilcheessaa

la cocina

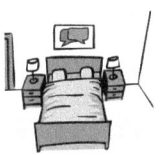

kutaa ciisichaa

el dormitorio

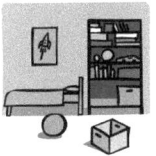

kutaa ijoollee

el cuarto de los chicos

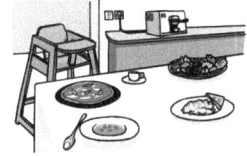

kutaa nyaataa

el comedor

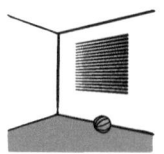

lafa

el piso

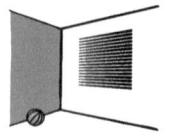

ededaa

la pared

baaxii

el cielorraso

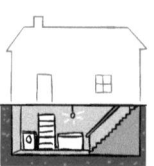

seelaarii

el sótano

saawunaa

el sauna

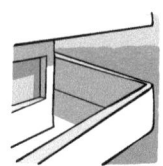

baankoonii

el balcón

madaba

la terraza

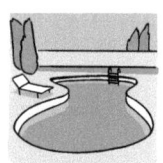

puulii

la pileta

konkoolaataa haamaa

la cortadora de pasto

ansoolaa

la sábana

uffata siree

el acolchado

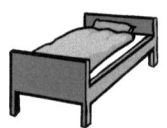

siree

la cama

hartuu

la escoba

baaldii

el balde

cufuu

el interruptor

kutaa jireenyaa
el living

wolpeepparii
el empapelado
fakkii
la imagen
foon hoolaa
la lámpara
masalangaa
el estante
kaappi boordiis
el armario
tlevisziinii
la televisión
midijjaa
la chimenea
abaaboo
la flor
boraatiii
el almohadón
soofaa
el sofá
tessoo abaaboo
el florero
too'attuu halaalaa
el control remoto

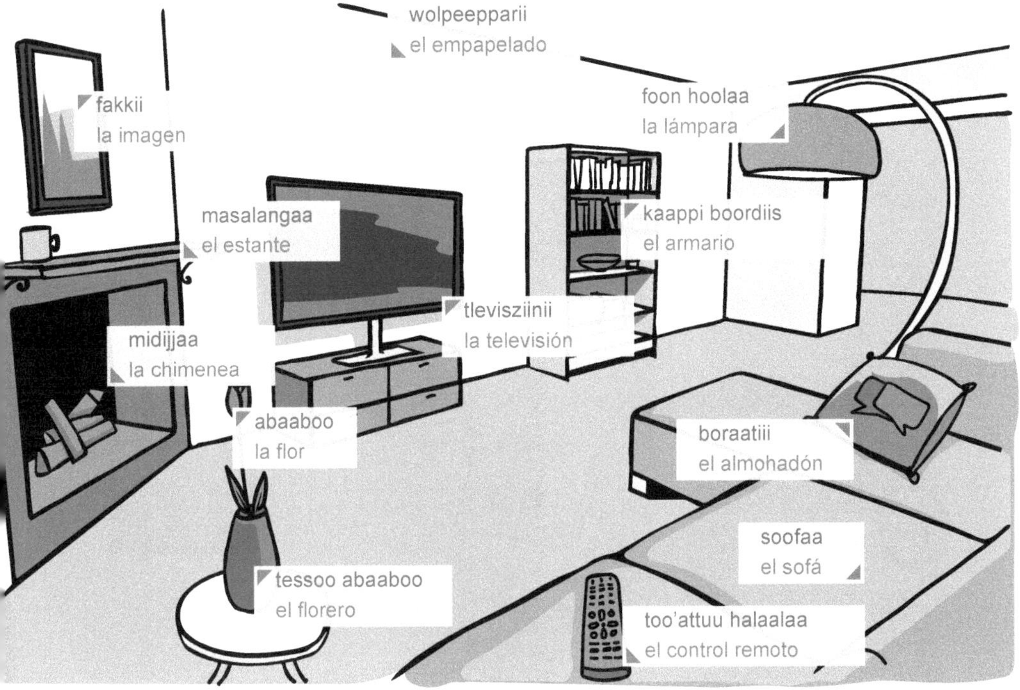

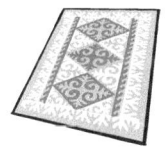

afata

la alfombra

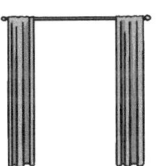

golgaa

la cortina

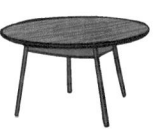

minjaala

la mesa

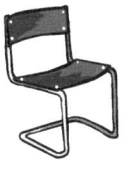

teessoo

la silla

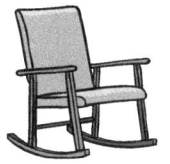

teessoo rarra'aa

la mecedora

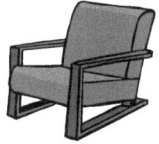

teesoo ciqilffannaa

el sillón

kitaaba

el libro

uffata qorraa

la frazada

midhagina

la decoración

muka qoraanii

la leña

fiilmii

la película

meeshaa

el equipo de música

furtuu

la llave

gaazexaa

el diario

dibuu

la pintura

barjaa

el póster

reedyoonii

la radio

daftara yaadanoo

el cuaderno

meeshaa eeleektirikaa afata
qulqulleessu

la aspiradora

laaftoo

el cactus

dungoo

la vela

mana bilcheessaa
la cocina

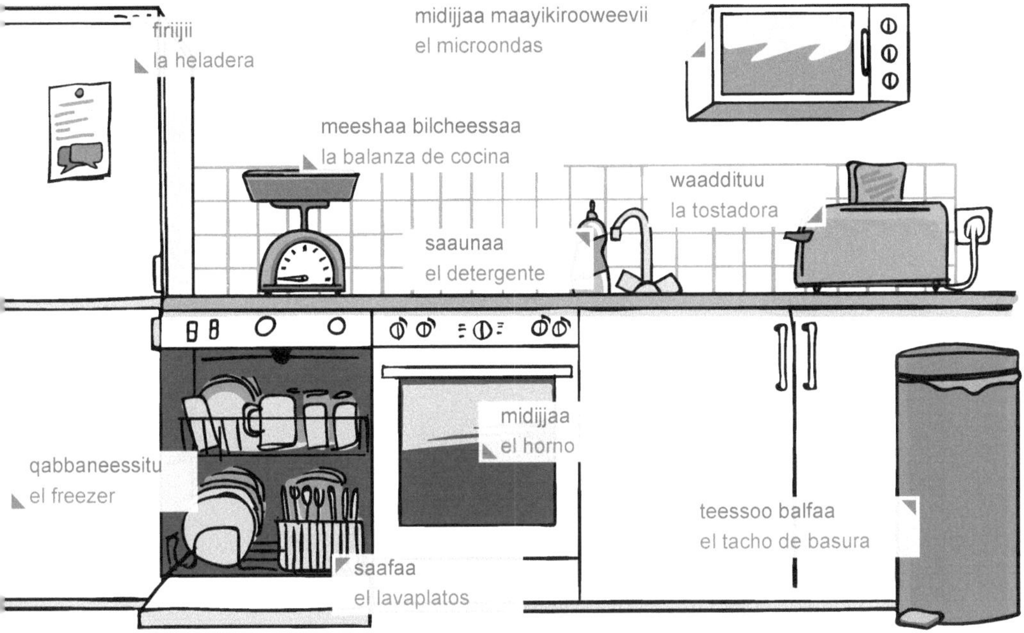

firiijii
la heladera
midijjaa maayikirooweevii
el microondas
meeshaa bilcheessaa
la balanza de cocina
waaddit13uu
la tostadora
saaunaa
el detergente
midijjaa
el horno
qabbaneessitu
el freezer
teessoo balfaa
el tacho de basura
saafaa
el lavaplatos

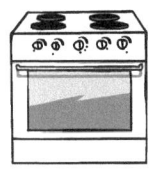

bilcheesssituu

la cocina

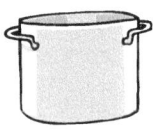

okkotee

la olla

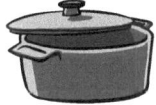

cast-iron pot

la olla de hierro fundido

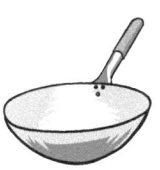

sataatee

el wok

waaddit000uu

la sartén

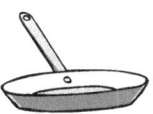

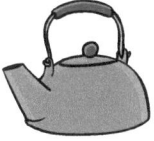

markajii

la pava

jabala humna urkaa

la vaporera

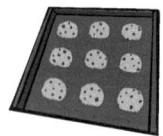

tirii bilcheessaa

la bandeja de horno

bantuu qaruuraa

la vajilla

geeba

la taza

sayinaa

el bol

dibata hidhii

los palitos

cilfaa

el cucharón

shuukkaa

la espátula

areeda aduurree

la batidora

dhimbiibduu

el colador

gingilchaa

el colador

meeshaa farfartuu

el rallador

mooyyee

el mortero

waadii abiddaa

la parrilla

midijjaa

la fogata

maktafiyaa
la tabla de picar

martuu
el palo de amasar

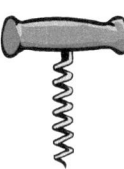

bantuu qaruuraa
el sacacorchos

danda'uu
la lata

banuu danda'uu
el abrelatas

teesoo okkotee
la manopla

lixuu
la pileta

buruushii
el cepillo

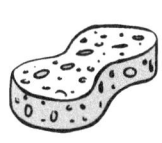

ispoonjii
la esponja

meeshaa waliin makaa
la batidora

qabbaneessaa guddaa
el congelador

xuuxxoo
la mamadera

ujjuummoo
la canilla

kutaa dhiqannaa
el baño

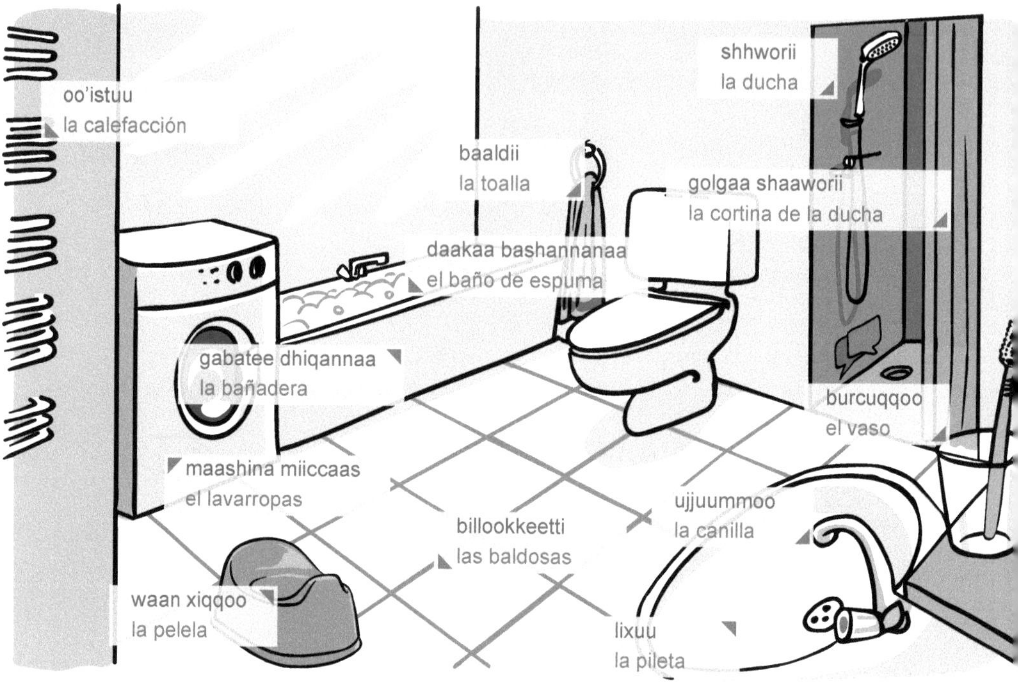

shhworii
la ducha
oo'istuu
la calefacción
baaldii
la toalla
golgaa shaaworii
la cortina de la ducha
daakaa bashannanaa
el baño de espuma
gabatee dhiqannaa
la bañadera
burcuqqoo
el vaso
maashina miiccaas
el lavarropas
ujjuummoo
la canilla
billookkeetti
las baldosas
waan xiqqoo
la pelela
lixuu
la pileta

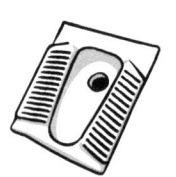

mana fincaanii

el inodoro

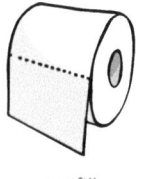

mana fincaanii taa'e

la letrina

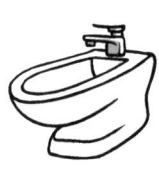

saafaa

el bidé

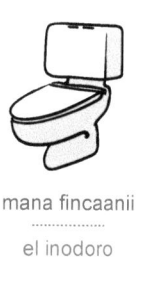

sahiinaa mana fincaanii

el mingitorio

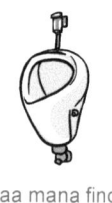

sooftii

el papel higiénico

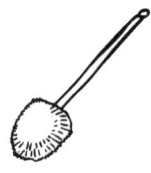

burusha mana fincaanii

el cepillo para el inodoro

buruushii ilkaanii

el cepillo de dientes

saamunaa ilkaanii

el dentífrico

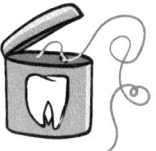

soqxuu ilkaanii

el hilo dental

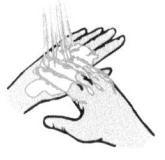

dhiquu

lavar

qaama dhiqannaa aadaa

la ducha de mano

kan dach

la ducha higiénica

sulula

la palangana

mana dhiqataa

el cepillo para la espalda

saamunaa

el jabón

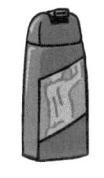

dibata dhiqannaa boodaa

el gel de ducha

shaampuu

el shampoo

jejuu

la toallita

gogsuu

el desagüe

kireemii

la crema

dodoraantii

el desodorante

daawitii

el espejo

daawitii hrkaa

el espejito

milaacii

la maquinita de afeitar

dibata areedaas

la espuma de afeitar

diibata areedaa

el aftershave

filaa

el peine

burusha

el cepillo

qoorsituu rifeensaa

el secador de pelo

hafuuftuu rifeensaa

el spray

meekaappii

el maquillaje

lippistiikii

el lápiz de labios

qeessa muculiksituu

el esmalte para uñas

jirbii

el algodón

murtuu qeessa

la tijera para uñas

shittoo

el perfume

korojoo dhiqannaa

el portacosméticos

gatteechuma

la banqueta

iskeelii ulfaatinaa

la balanza

uffata dhiqannaa

la bata

guwaantii pilaastikaa

los guantes de goma

moodesii

el tampón

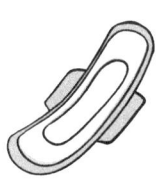

fooxaa qulquulinaa

la toallita femenina

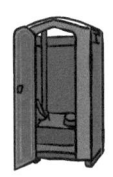

keemikaala mana fincaanii

el baño químico

kutaa ijoollee

el cuarto de los chicos

sa'aatii alaarmii
el despertador
Eebbiyyoo Hammatamu
el peluche
konkolaatt ijollee
el coche de juguete
hasaasuu
el sonajero
mana eebbiyyo
la casa de muñecas
jira
el regalo

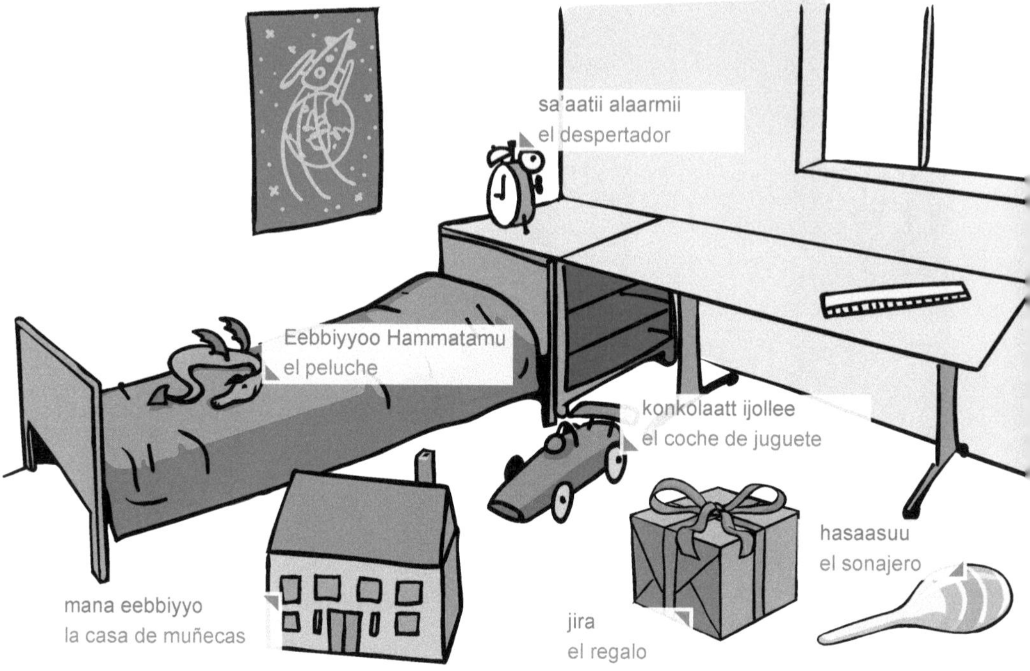

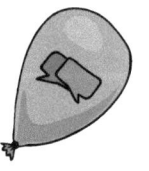

baaloonii

el globo

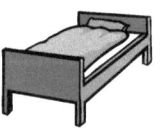

siree

la cama

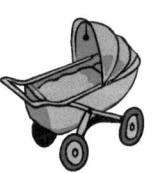

gaarii daa'imaa

el cochecito

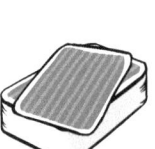

Minjaala Kaardii

las cartas

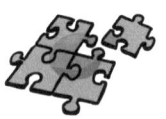

akaafaa

el rompecabezas

SUPER
MEGA

kofalchiisaa

la historieta

lego bricks

las piezas de lego

dlookii ijaarsaa

los ladrillos de juguete

lakkofsa gochaa

la figura de acción

guddina daa'imaa

el enterito (de bebé)

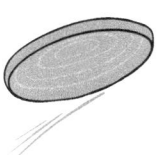

saahinaa taphaa

el frisbee

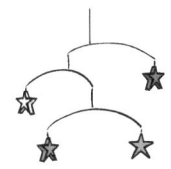

mobaayilii

el móvil para bebés

gabatee taphaa

el juego de mesa

kuubii lakk. 1-6 qabu

los dados

teessuma leenji'aa
modeelaa

el tren eléctrico

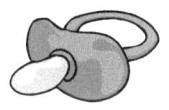

fakkii

el chupete

afeerrii

la fiesta

kitaaba fakii

el libro de cuentos ilustrado

kubbaa

la pelota

eebiyyoo

la muñeca

tapha

jugar

boolla cirrachaa

el arenero

hodhuu

la hamaca

eebbiyyoo

los juguetes

konsoli tapha viidyoo

la consola de videojuegos

marsaa sadii

el triciclo

eebiyyo hammatamtu

el osito de peluche

sanduqaa dhaabbii

el armario

cuufinsa

la ropa

kaalsii

las medias

istookingii

las medias panty

taayitii

las calzas

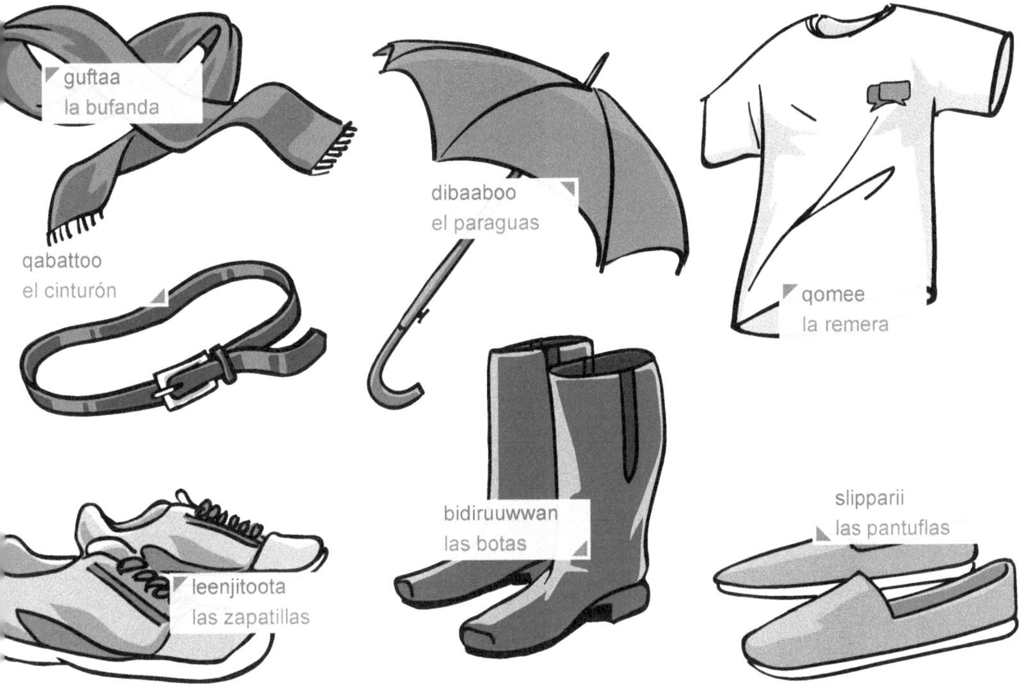

guftaa
la bufanda

dibaaboo
el paraguas

qabattoo
el cinturón

qomee
la remera

bidiruuwwan
las botas

slipparii
las pantuflas

leenjitoota
las zapatillas

kophee banaa
las sandalias

kophee
los zapatos

bidiruu pilaastikaa
las botas de goma

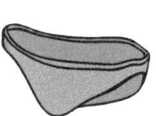
butaantaa
la ropa interior

harmaa
el corpiño

sadariyyaa
el chaleco

qaama

el body

kofoo dheeraa

los pantalones

jiinsii

los jeans

dalgee

la pollera

shamiza

la blusa

shurraaba

la camisa

shurraaba

el pulóver

haaguuggii jaakkeettii

el buzo

yuunifoormii

el blazer

jaakkeettii

la campera

kootii

el tapado

kafana roobaa

el piloto

barsuma

el traje

wandaboo

el vestido

kafana gaa'ilaa

el vestido de novia

kafana guutuu
....
el traje

uffata halkanii
....
el camisón

bijaamaa
....
el pijama

wandaboo hindii
....
el sari

guftaa
....
el pañuelo para la cabeza

marata
....
el turbante

burqaa
....
la burka

jalabiyyaa
....
el caftán

abaya
....
la abaya

kafana daakkaa
....
el traje de baño

mudhii
....
el short de baño

kofoo gabaabaa
....
los shorts

kafanafgichaa
....
el jogging

appiroonii
....
el delantal

guwwaantii
....
los guantes

furtuu

el botón

burcuqqoowwan

los anteojos

gumee

la pulsera

amartii

el collar

qubeelaa

el anillo

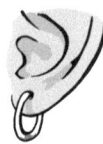

glii

el aro

geeba

la gorra

fanoo kootii

la percha

qoobii

el sombrero

karbaata

la corbata

ziippii

el cierre

heelmeetii

el casco

collee

los tiradores

uffata mana baruumsaa

el uniforme escolar

yuunifoormii

el uniforme

kafana gorooraa
....
el babero

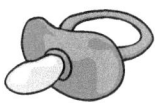

fakkii
....
el chupete

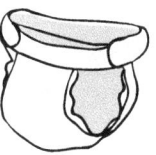

naappii
....
el pañal

waajjira
la oficina

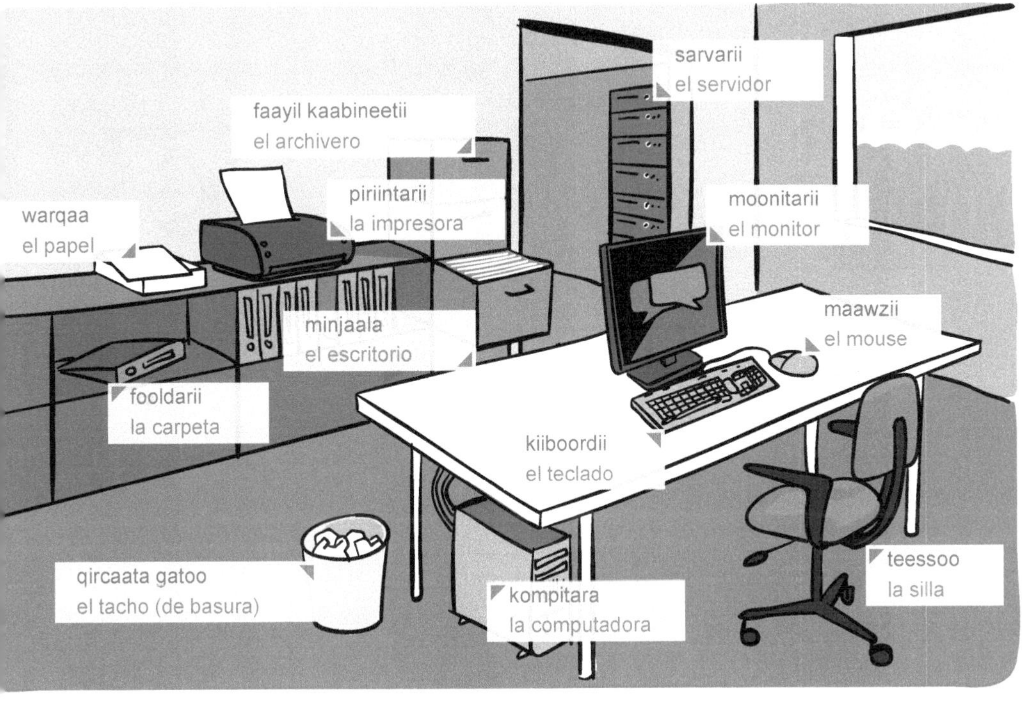

sarvarii
el servidor

faayil kaabineetii
el archivero

piriintarii
la impresora

moonitarii
el monitor

warqaa
el papel

minjaala
el escritorio

maawzii
el mouse

fooldarii
la carpeta

kiiboordii
el teclado

qircaata gatoo
el tacho (de basura)

kompitara
la computadora

teessoo
la silla

siinii bunaa
....
la taza de café

herregduu
....
la calculadora

intarneetii
....
el internet

lab tooppii

la laptop

xalaya

la carta

ergaa

el mensaje

mobbyilii

el celular

neetwoorkii

la red

maashina footokoppii

la fotocopiadora

sooft weerii

el software

bilbila

el teléfono

sookkeetii suuqii

el tomacorriente

maashina faaksiis

el fax

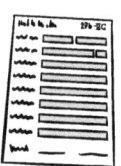

uunkaa

el formulario

dookimantii

el documento

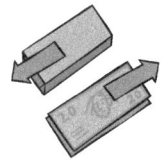

bituu

comprar

kafaluu

pagar

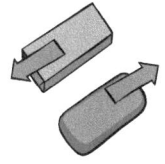

daldaluu

hacer negocios

qarshii

el dinero

doolaara

el dólar

yuroou

el euro

yen

el yen

ruubilii

el rublo

Farankaa swwiz

el franco suizo

yuwaanii reenmiinbii

el yuan

ruuppee

la rupia

kaash pooyintii

el cajero automático

biiroo de cheenjee

la casa de cambio

warqee

el oro

meeta

la plata

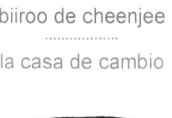

zayita

el petróleo

human

la energía

gatii

el precio

koontiraata

el contrato

taaksii

el impuesto

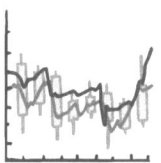

shaqaxa

la acción

hojjechuu

trabajar

qacaramaa

el empleado

qacaraa

el empleador

faabrikaas

la fábrica

dukkaana

el negocio

hojii
las ocupaciones

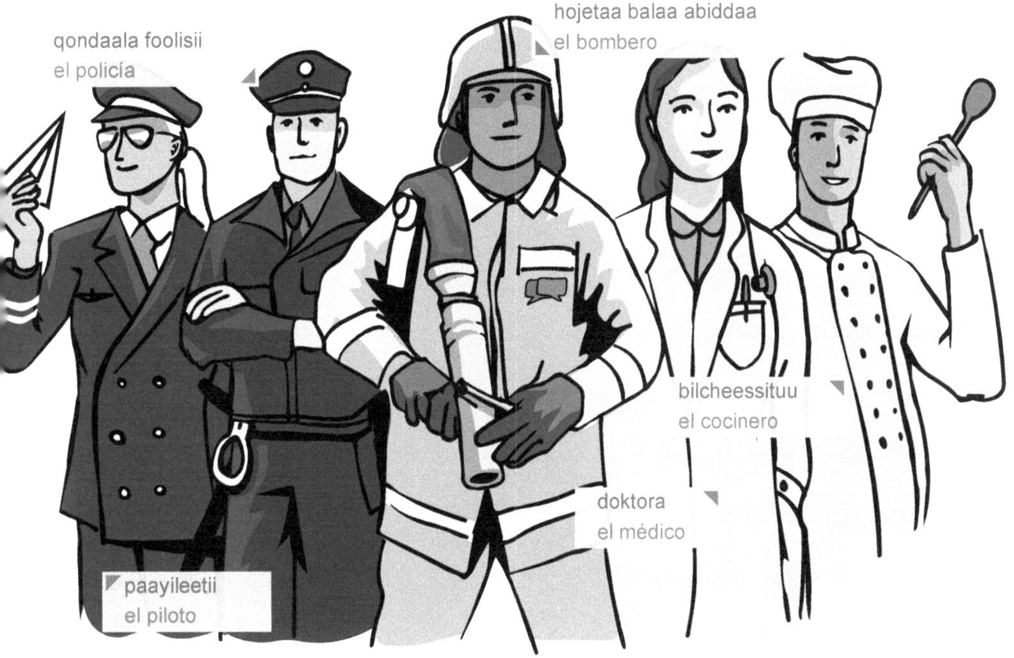
hojetaa balaa abiddaa
el bombero
qondaala foolisii
el policía
bilcheessituu
el cocinero
doktora
el médico
paayileetii
el piloto

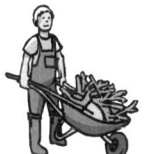

waardiyyaa
el jardinero

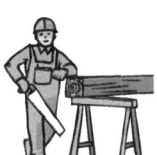

ogeessa mukaa
el carpintero

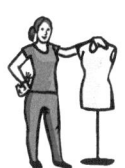

ooftuu jabalaa
la modista

abbaa seeraa
el juez

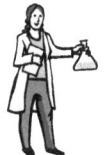

keemistii
el farmacéutico

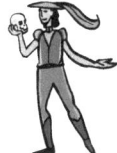

ta'aa
el actor

konkolaachisaa

el colectivero

konkolaachisaataaksii

el taxista

qurxumii kiyyeessaa

el pescador

qulqulleessituu

la mucama

hojetaa baaxii

el techista

keessummeessaa

el mozo

adamisituus

el cazador

halluu dibduu

el pintor

tolchituu

el panadero

elektrishaana

el electricista

ijaaraa

el albañil

injinara

el ingeniero

mana foonii

el carnicero

hjjetaa ujummoo

el plomero

poostaa geessituu

el cartero

raayyaa

el soldado

arkteektii

el arquitecto

qarshi qabduu

el cajero

abaaboo gurgurtuu

el florista

dabbasaa murtuu

el peluquero

kondaaktara

el cobrador

makaanika

el mecánico

kaappiteenii

el capitán

hakiima ilkee

el dentista

saayntiistii

el científico

rabbi

el rabino

imaama

el imán

moloskee

el monje

luba

el sacerdote

meeshaalee
las herramientas

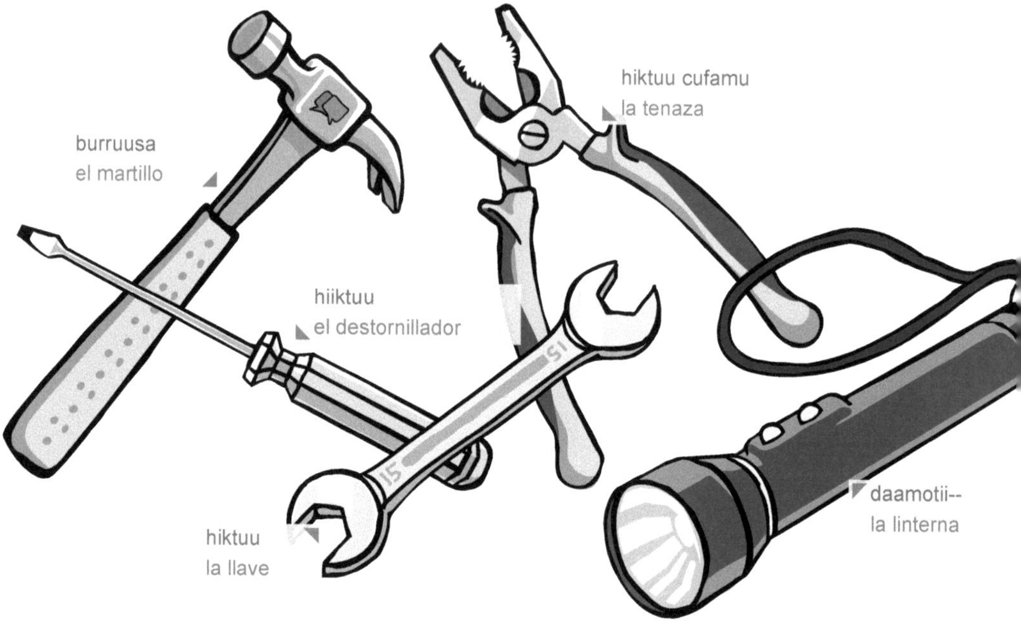
hiktuu cufamu
la tenaza
burruusa
el martillo
hiiktuu
el destornillador
daamotii--
la linterna
hiktuu
la llave

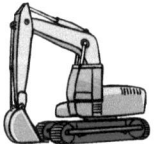

gasoo
....
la excavadora

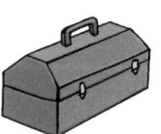

saanduqa meeshhalee
....
la caja de herramientas

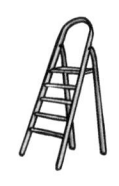

kortoo
....
la escalera portátil

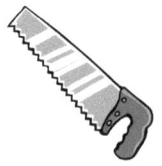

magaazii
....
la sierra

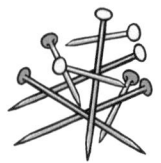

bismaara
....
los clavos

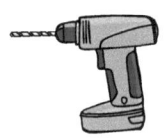

diriilii
....
el taladro

suphuu

arreglar

akaafaa

la pala de jardín

dhaabi

¡Qué bronca!

gataa balfaa

la pala de plástico

qodaa haalluu

el tacho de pintura

hiktuu

los tornillos

meeshaalee muuziqaa

los instrumentos musicales

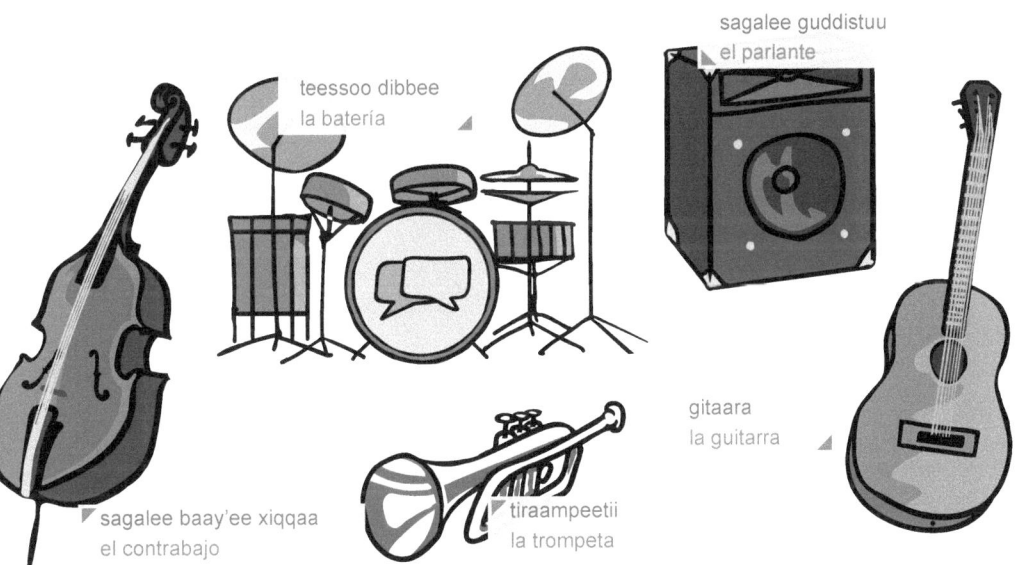

sagalee guddistuu
el parlante

teessoo dibbee
la batería

gitaara
la guitarra

sagalee baay'ee xiqqaa
el contrabajo

tiraampeetii
la trompeta

piyaanoo

el piano

vaayoolinii

el violín

sagalee xiqqaa

el bajo

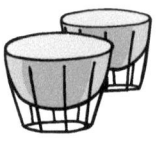

timpaanii

los timbales

dibbee

el tambor

kiiboordii

el teclado

saaksi foona

el saxofón

ulullee

la flauta

may craafoona

el micrófono

dallaa beeladaa
el zoológico

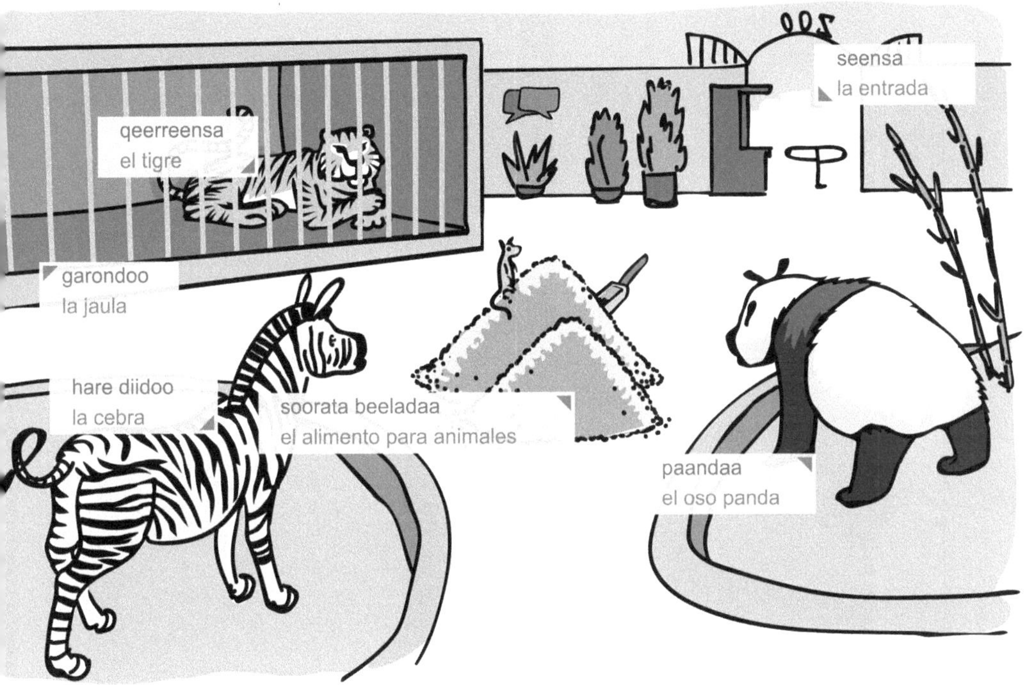

seensa
la entrada
qeerreensa
el tigre
garondoo
la jaula
hare diidoo
la cebra
soorata beeladaa
el alimento para animales
paandaa
el oso panda

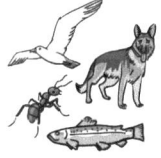

beeladoota

los animales

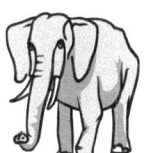

arba

el elefante

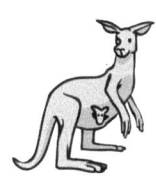

kaangaaroo

el canguro

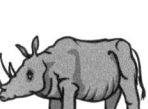

warseesa

el rinoceronte

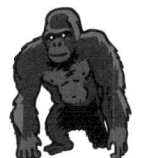

jaldeessa guddaa

el gorila

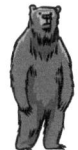

godaa

el oso

gala

el camello

guchii

el avestruz

leenca

el león

jaldeessa

el mono

fiilaamingoo

el flamenco

simbira dubbattu

el loro

diibii poolarii

el oso polar

peengyuunii

el pingüino

shaarkii

el tiburón

piikookii

el pavo real

bofa

la serpiente

qocaa

el cocodrilo

eegaa zoo

el cuidador del zoológico

chaappaa

la foca

sanyii qeerensaa

el jaguar

farda gabaabduu

el poni

sanyii qeerrensaa

el leopardo

roobii

el hipopótamo

sattaawwaa

la jirafa

culullee

el águila

ifaannaa

el jabalí

qurxummii

el pescado

qocaa galaanaa

la tortuga

beelada bishaan keessaa

la morsa

sardiida

el zorro

godaa

la gacela

kubbaa miilaa ameerikaa
el fútbol americano

dargmmii bishkilileettaa
el ciclismo

teenisa
el tenis

kubba kaachoo
el básquet

bishaan daakkaa
la natación

sigigoo cabbie
el hockey sobre hielo

aboottoo
el boxeo

kubbaa miilaa
el fútbol

baadmentanii
el bádminton

atileetii
el atletismo

kubba harkaa
el handball

skiing
el esquí

pooloo
el polo

sochii
las actividades

kolfa
reír
utaalcha
saltar
hammachuu
abrazar
deemuu
caminar
sirbuu
cantar
abjuu
soñar
kadhannaa
rezar
dhungoo
besar

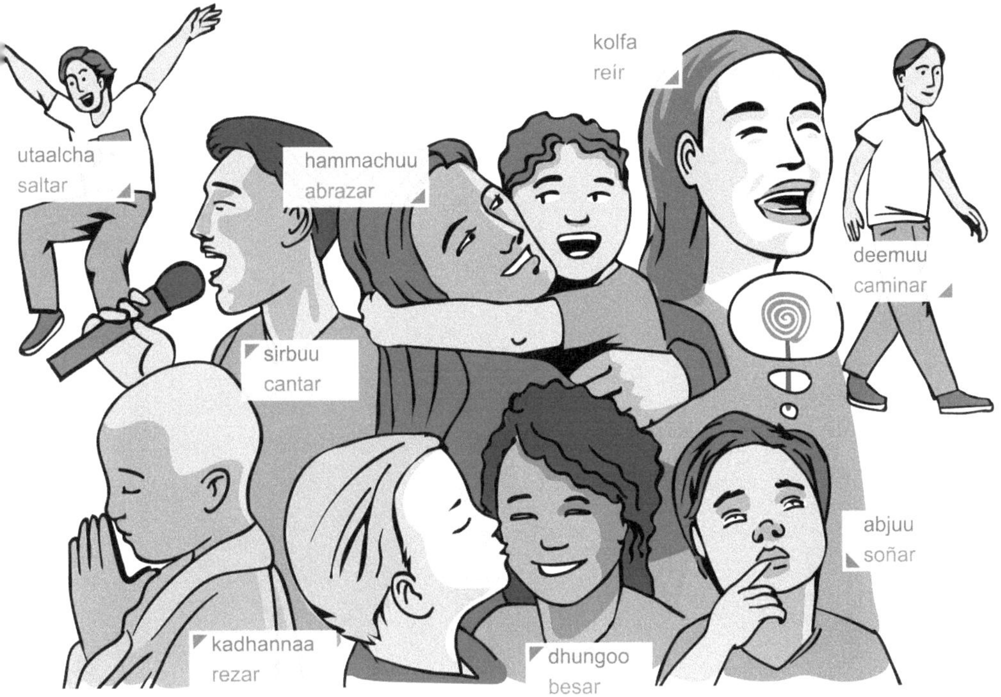

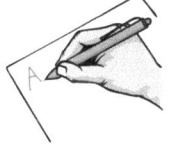

barreessuu

escribir

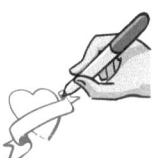

fakkii kaasuu

dibujar

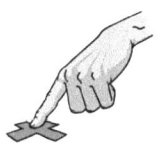

agrsiisuu

mostrar

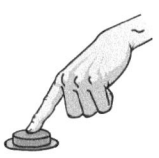

dhiibuu

presionar

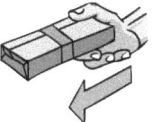

kennuu

dar

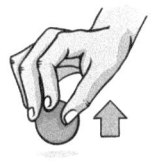

fudhachuu

tomar

qabaachuu

tener

gochuu

hacer

ta'uu

ser

dhaabbachuu

estar parado

kaachuu

correr

harkisuu

tirar

darbachuu

tirar

kufuu

caer

soba

estar acostado

eeguu

esperar

baachuus

llevar

taa'uu

estar sentado

uffachuu

vestirse

rafuu

dormir

dammaquu

despertar

ilaaluu

mirar

iyyuu

llorar

dhiibbaa dhiigaa

acariciar

filuu

peinar

haasa'uu

hablar

hubachuu

entender

gaafachuu

preguntar

dhggeeffachuu

escuchar

dhuguu

beber

nyaachuu

comer

ol kaasuu

ordenar

jaalala

amar

bilcheessuus

cocinar

oofuu

manejar

barrisuu

volar

jabalan
navegar

heerregii
calcular

dubbisuu
leer

baruumsa
aprender

hojjechuu
trabajar

fuudha
casarse

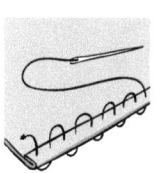

hodhuu
coser

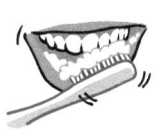

ilkaan rigachuu
cepillarse los dientes

ajjeecha
matar

xuuxuu
fumar

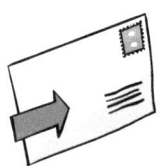

erguu
enviar

warra
la familia

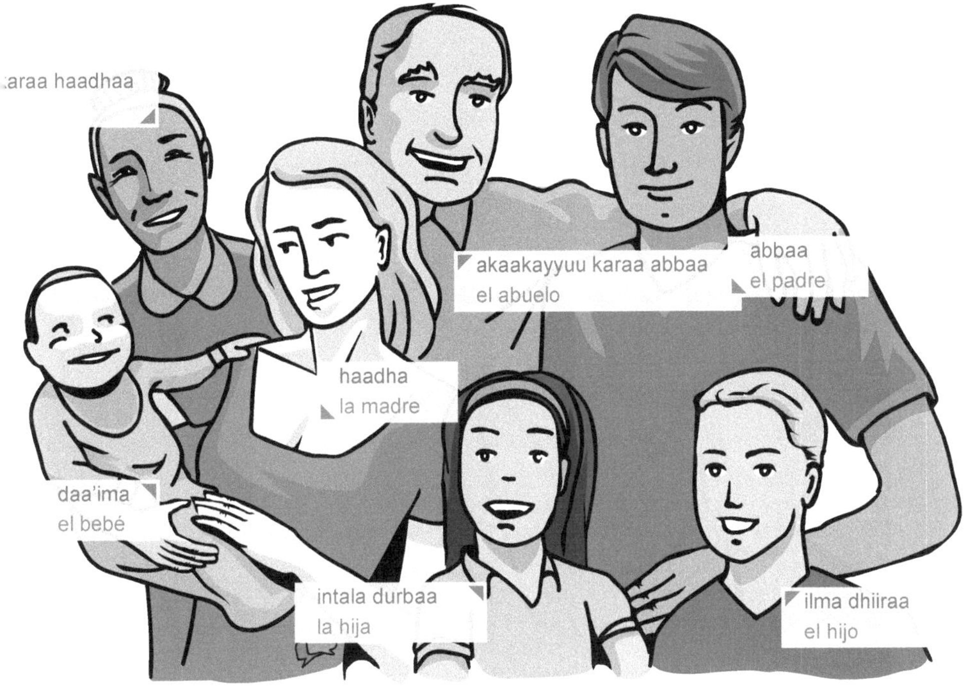
araa haadhaa
akaakayyuu karaa abbaa
el abuelo
abbaa
el padre
haadha
la madre
daa'ima
el bebé
intala durbaa
la hija
ilma dhiiraa
el hijo

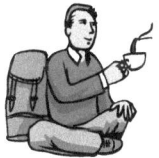

keessummaas
....
el invitado

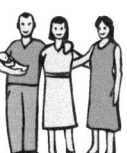

adaadaa
....
la tía

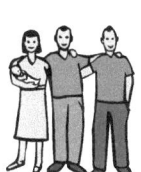

eessuma
....
el tío

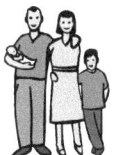

obboleessa
....
el hermano

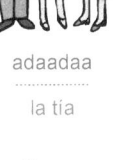

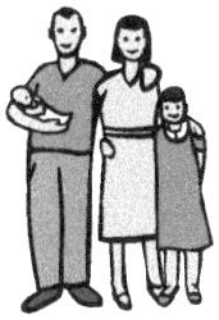
obboleettii
....
la hermana

qaama

el cuerpo

adda
la frente
ija
el ojo
ceekuu
el hombro
quba
el dedo
fuula
la cara
igicii
la pera
harka
la mano
luka
la pierna
harma
el pecho
irree
el brazo

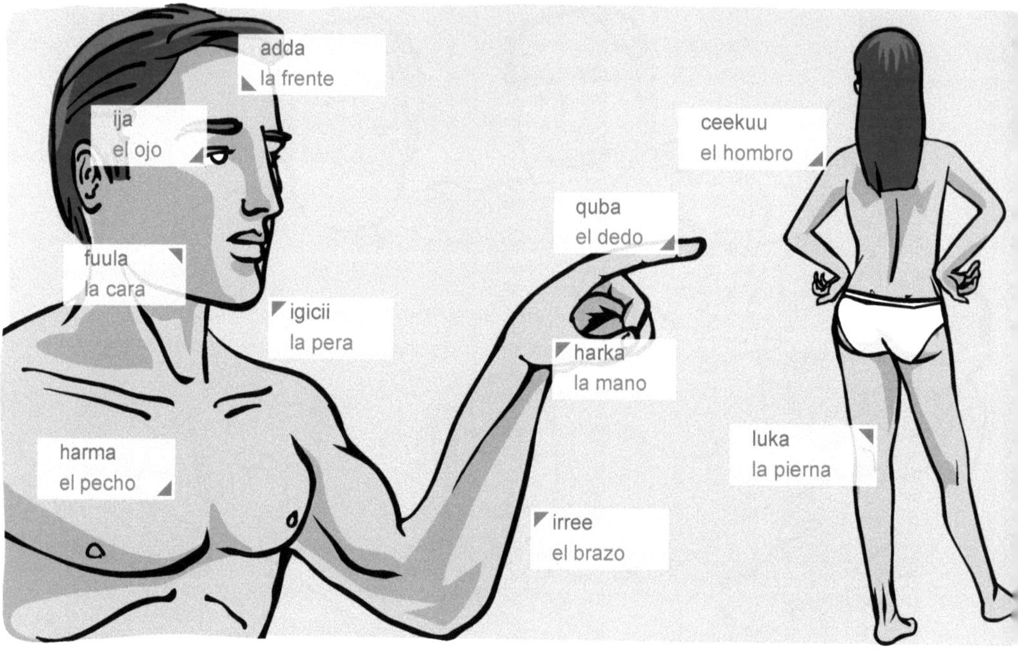

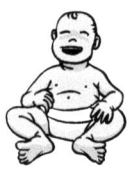

daa'ima
el bebé

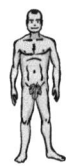

nama
el hombre

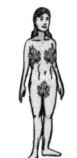

dubartii
la mujer

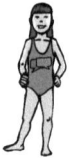

durba
la nena

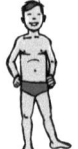

mucaa
el nene

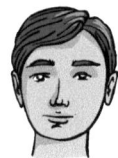

mataa
la cabeza

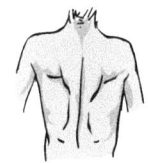

duuba

la espalda

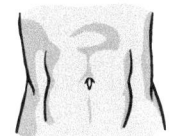

godhami

la panza

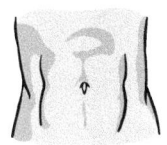

belly button

el ombligo

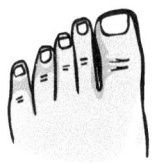

qubq miilaa

el dedo del pie

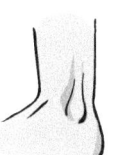

koomee

el talón

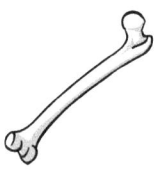

lafee

el hueso

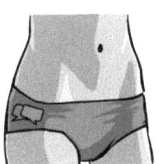

dirra

la cadera

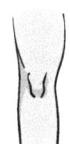

jilba

la rodilla

ciqilee

el codo

fuunyaan

la nariz

jala

la cola

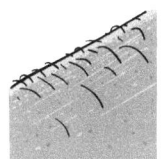

gogaa

la piel

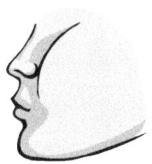

boqoo

el cachete

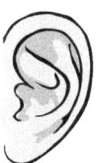

gurra

la oreja

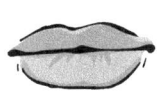

hidhii

el labio

afaan
....
la boca

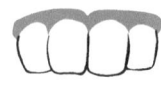

ilkee
....
el diente

arraba
....
la lengua

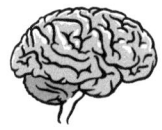

sammuu
....
el cerebro

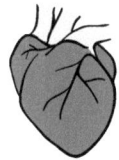

onnee
....
el corazón

fon irree
....
el músculo

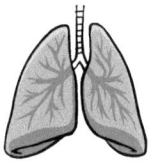

somba
....
el pulmón

tiruu
....
el hígado

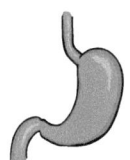

garaacha
....
el estómago

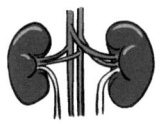

kaleewwan
....
los riñones

wal qunnamitii saalaa
....
el sexo

kondomii
....
el preservativo

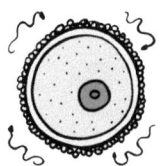

buphaa dubartii
....
el óvulo

mi'oo
....
el semen

ulfa
....
el embarazo

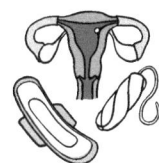

laguu ji'aa

la menstruación

buqushaa

la vagina

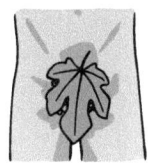

tuffee

el pene

laboobbaa ijaa

la ceja

rifeensa

el pelo

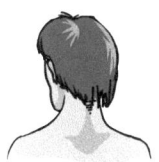

morma

el cuello

hospitaala
el hospital

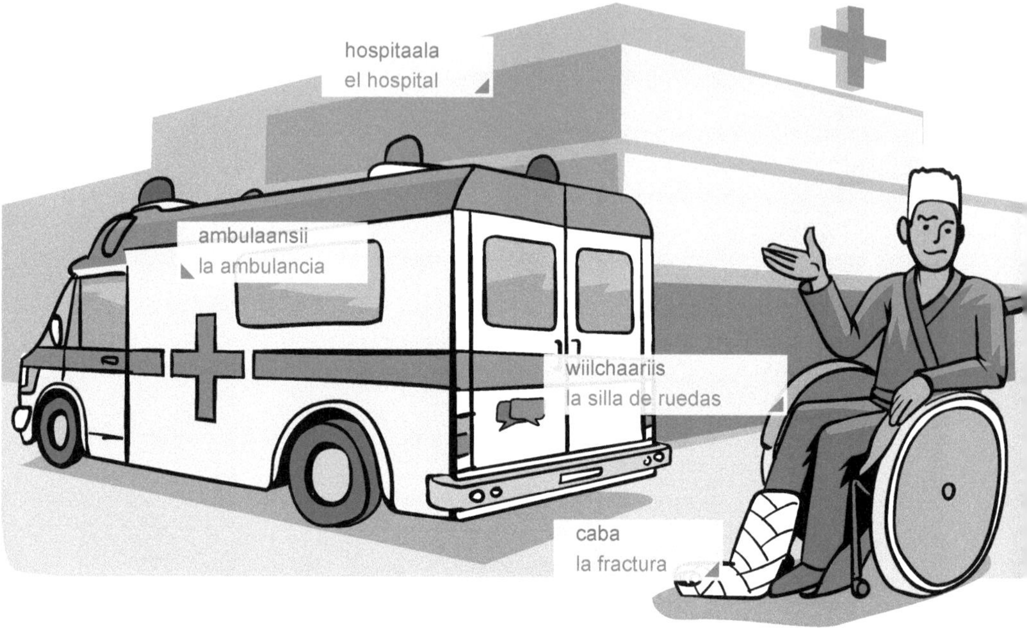

hospitaala
el hospital
ambulaansii
la ambulancia
wiilchaariis
la silla de ruedas
caba
la fractura

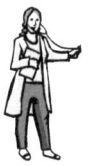

doktora
el médico

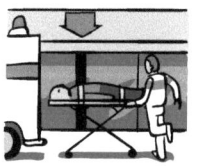

kutaa hatattamaa
la sala de guardia

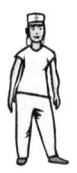

narsii
la enfermera

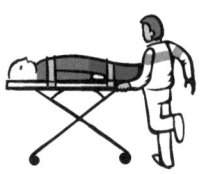

hatattama
la emergencia

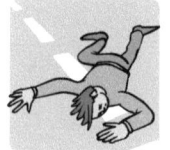

kan hin dammaqin
inconsciente

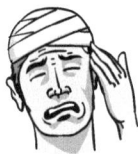

dhukkubbii
el dolor

miidhhaa

la lesión

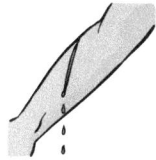

dhiiguu

la hemorragia

dhukkuba onnee

el infarto

baay'ina dhiigaa

el ACV

hooqxoo

la alergia

qufaa

la tos

oo'aa qaamaa

la fiebre

qufaa

la gripe

baasaa

la diarrea

bowoo mataa

el dolor de cabeza

kaansarii

el cáncer

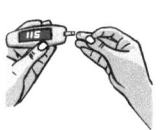

dhibee sukkaaraa

la diabetes

baqaqsanii hodhuu

el cirujano

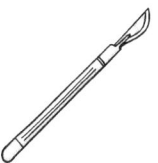

halbee

el bisturí

hojii

la operación

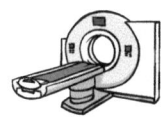

CT
la TC

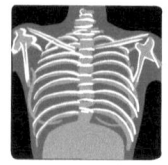

raajii
los rayos x

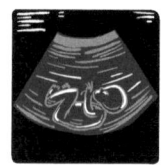

aaltraasaawandii
la ecografía

haguuggii fuuiaa
el barbijo

dhukkuba
la enfermedad

kutaa haar galfii
la sala de espera

hirkannaa
la muleta

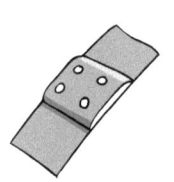

pilaastara
la curita

baandeejii
la venda

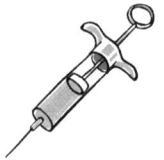

limmoo waraanuu
la inyección

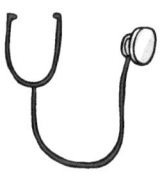

isteetskooppi
el estetoscopio

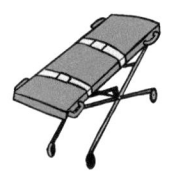

siree dhukkubsataa
la camilla

termoo meetira klinikaa
el termómetro

dhaloota
el nacimiento

ulfaatinaa ol
el sobrepeso

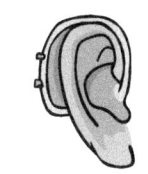

gargaaraa dhageettii

el audífono

qoricha aramaa

el desinfectante

miidhama keessaa

la infección

vaayirasa

el virus

ECH AAIVII / EEDSII

el VIH / SIDA

qoricha

el remedio

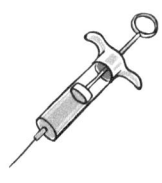

talaallii

la vacunación

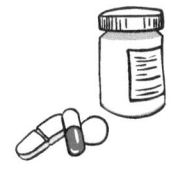

kiniinii

los comprimidos

kiniinii

la pastilla anticonceptiva

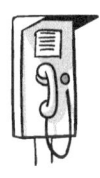

waamicha hatattamaa

a llamada de emergencia

too'attuu dhiibbaa dhiigaa

el tensiómetro

dhukkuba / fayyaa

enfermo / sano

gargaarsa!

¡Ayuda!

alaarmiis

la alarma

weerara

la agresión

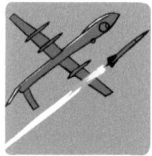

miidhuu

el ataque

suukaneessaa

el peligro

baha hatattamaa

la salida de emergencia

abidda

¡Fuego!

abidda dhaamisituu

el matafuego

balaa

el accidente

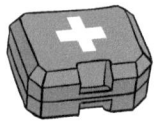

saanduqa gargaasa
calqabaa

el botiquín de primeros
auxilios

Sii'oosii

el SOS

foolisii

la policía

awurooppaa

Europa

ameerikaa kabaa

América del Norte

ameerikaa kibbaa

América del Sur

afrikaa

África

eesiyaa

Asia

awustraaliyaa

Australia

atilaantik

el Atlántico

paasfiik

el Pacífico

galaana hindii

el Océano Índico

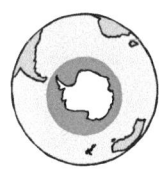

galaana antaartikaa

el Océano Antártico

galaana arkitiik

el Océano Ártico

polii kaabaa

el polo norte

polii kibbaa

el polo sur

antaartikaa

la Antártida

dachee

la Tierra

dachee

la tierra

garba

el mar

odola

la isla

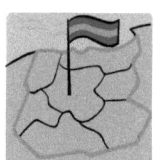

lammii

la nación

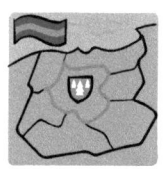

kutt biyyaa

el estado

clock face

la esfera

sa'aatii kana

la manecilla de las horas

daqiiqaa kana

el minutero

moofaa

el segundero

yeroon meeqa ta'ee?

¿Qué hora es?

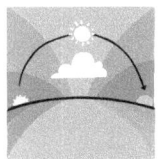

guyyaa

el día

yeroo

la hora

amma

ahora

sa'aatii diiskoo

el reloj digital

daqiiqaa

el minuto

sa'aatii

la hora

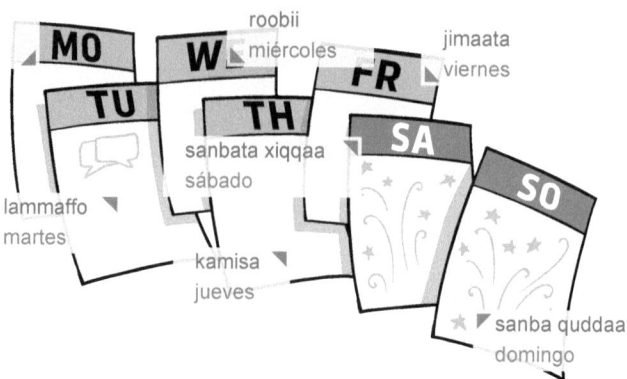

hojjaa duraa
lunes

roobii
miércoles

jimaata
viernes

sanbata xiqqaa
sábado

lammaffo
martes

kamisa
jueves

sanba quddaa
domingo

kaleessa

ayer

har'a

hoy

boru

mañana

ganama

la mañana

guyyaa qixxee

el mediodía

galgala

la tarde

guyyaa hojii

los días hábiles

dhuma forbee

el fin de semana

rooba
la lluvia

sabbata waaqqaa
el arco iris

cabbii
la nieve

bubbee
el viento

birraa
la primavera

bona
el verano

arfaasaa
el otoño

ganna
el invierno

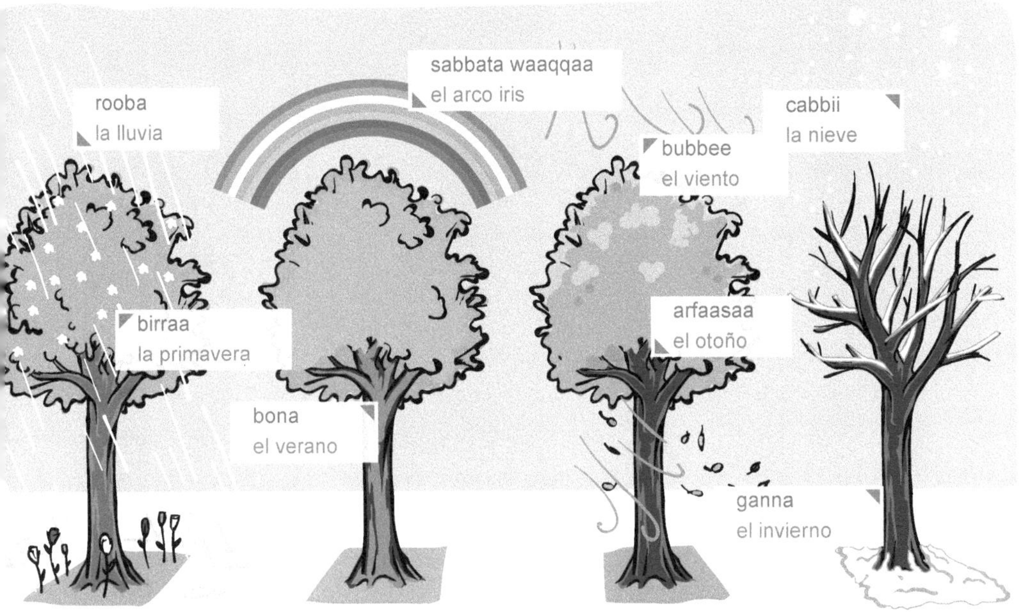

raaga haala qileensaa

l pronóstico meteorológico

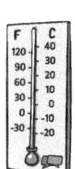

teermoomeetirii

el termómetro

baha aduu

la luz del sol

duumessa

la nube

hurii

la niebla

jiidha

la humedad

bakakkaa

el rayo

balaqqee

el trueno

dirrisa

la tormenta

cabbii

el granizo

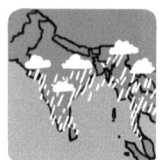

monsoon

el monzón

lolaa

la inundación

cabbie

el hielo

Amajjii

enero

Gurraandhala

febrero

Bitootessa

marzo

Eebila

abril

Caamsaa

mayo

Waxabajji

junio

Adooleessa

julio

Hagayya

agosto

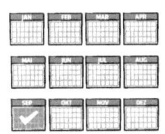

Fulbaana
....
septiembre

Onkololeessa
....
octubre

Sadaasa
....
noviembre

Muddee
....
diciembre

las formas

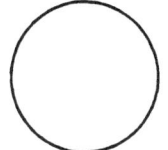

geengoo
....
el círculo

isqeerii
....
el cuadrado

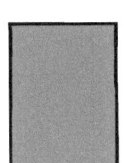

rog arfee
....
el rectángulo

rg sadee
....
el triángulo

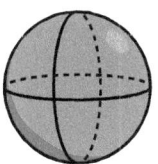

molaalee
....
la esfera

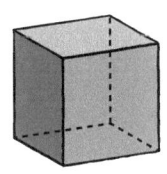

kuubii
....
el cubo

colores

adii
....
blanco

boora
....
amarillo

keelloo
....
naranja

boorilee
....
rosa

diimaa
....
rojo

bunnii
....
violeta

cuqliisa
....
azul

magariisa
....
verde

magaala
....
marrón

bulee
....
gris

gurraacha
....
negro

baay'ee / xiqqoo

mucho / poco

aara / gammachuu

enojado / tranquilo

bareeda / fokkuu

lindo / feo

calqaba / xumuura

el principio / el fin

guddaa / xiqqaa

grande / chico

ifa / dukkana

claro / oscuro

obboleessa / obboleettii

el hermano / la hermana

qulqulluu / xurii

limpio / sucio

xumuuramaa / kan hin xumuuramin

completo / incompleto

guyyaa / halkan

el dia / la noche

du'aa / jiraa

muerto / vivo

bal'aa / dhiphaa

ancho / angosto

kan nyaatamu / kan hin nyaatamne
comestible / no comestible

badd / gaarii
malo / amable

gammachuu / ifannaa
entusiasmado / aburrido

furdaa / qal'aa
gordo / flaco

calqaba / dhuma
primero / último

michuu / diina
el amigo / el enemigo

guutuu / duwwaa
lleno / vacío

sakoruu / lalllaafaa
duro / blando

ulfaataa / salphaa
pesado / liviano

beeluu / dheebuu
el hambre / la sed

dhukkuba / fayyaa
enfermo / sano

seer malee / seera qabeessa
ilegal / legal

gaanfuree / dabeessa
inteligente / estúpido

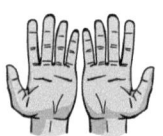

bitaa / mirga
izquierda / derecha

maddii / fagoo
cerca / lejos

haara'a / moofaa

nuevo / usado

homma / waan tokko

nada / algo

jaarsa / dargaggeessa

viejo / joven

ibsuu / dhaamsuu

encendido / apagado

banuu / cufuu

abierto / cerrado

callisuu / sagalee olkaasuu

silencioso / ruidoso

sooressa / hiyyeessa

rico / pobre

sirrii / dogongora

correcto / incorrecto

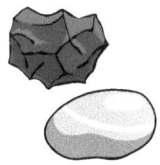

sokorruu / lallaafaa

áspero / suave

aara / gammachuu

triste / contento

dheeraa / gabaabaa

corto / largo

qususaa / collee

lento / rápido

jiidhaa / goggogaa

mojado / seco

oo'aa / qorraa

caliente / frio

lola / nagaa

guerra / paz

lakkoofsota

los números

0

duwwaa

cero

1

tokko

uno

2

lama

dos

3

sadis

tres

4

afur

cuatro

5

shan

cinco

6

jaha

seis

7

torba

siete

8

saddeet

ocho

9

sagal

nueve

10

kudhan

diez

11

kudha tokko

once

12

kudha lama

doce

13

kudha sadi

trece

14

kudha afur

catorce

15

kudha shan

quince

16

kudha jaha

dieciséis

17

kudha torba

diecisiete

18

kudha saddeet

dieciocho

19

kudha sagal

diecinueve

20

diigdama

veinte

100

dhibba

cien

1.000

kuma

mil

1.000.000

maliyoona

el millón

Ingiliffa

el inglés

Ingiliffa Ameerikaa

el inglés americano

Mandarinii chaayinaa

el chino mandarín

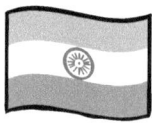

Afaan Hindii

el hindi

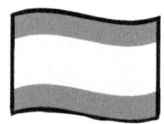

Afaan Speen

el español

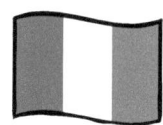

Afaan Faransaay

el francés

Afaan Arabaa

el árabe

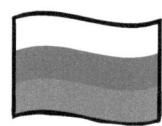

Afaan Raashaa

el ruso

Afaan Poortugaal

el portugués

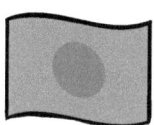

Afaan Beengaal

el bengalí

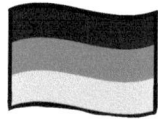

Afaan Jarman

el alemán

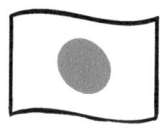

Afaan Jaappaan

el japonés

ana

yo

si

vos

isa / ishii / isa / wantootaf

él / ella

nu'ii

nosotros

isin

ustedes

isan

ellos

eenyuu?

¿quién?

maal?

¿qué?

akkamitti

¿cómo?

eessa?

¿dónde?

hoom?

¿cuándo?

maqaa

el nombre

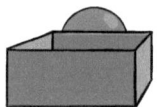

duuba

detrás

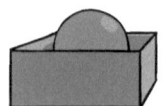

keessa

en

fuldura

adelante de

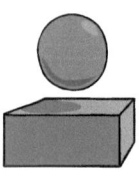

irra

por encima de

gubbaa

sobre

jala

debajo de

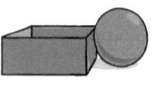

maddii

al lado de

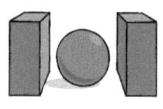

gidduu

entre

bakkee

el lugar

`